homo doctus – homo sanctus

WER IST MEISTER ECKHART?

Herausgegeben im Auftrag der Stadtverwaltung Erfurt von Hardy Eidam, Ilka Thom und Ulrich Spannaus

AUTOREN

Josef Pilvousek

Andreas Speer

Klaus-Bernward Springer

Udo Kern

Impressum Begleitbuch

Herausgeber:	Hardy Eidam, Ulrich Spannaus, Ilka Thom im Auftrag der Stadtverwaltung Erfurt Kulturdirektion
Redaktion und Glossar:	Ilka Thom, Hardy Eidam
Texte und Bildunterschriften:	Ilka Thom
Gestaltung:	Susanne Spannaus, ARTUS.ATELIER GBR
Druck:	Druck Repro und Verlag OHG
Gedruckt auf:	Igepa Munken-Print 115 g/qm
Copyright by:	„Haus zum Stockfisch" Stadtmuseum Erfurt Johannesstrasse 169 D–99084 Erfurt den Autoren und Fotografen

Impressum Ausstellung

Projektleitung:	Hardy Eidam
Ausstellungskonzeption:	Ulrich Spannaus, Ilka Thom, Hardy Eidam
Wissenschaftliche Leitung:	Ilka Thom
Künstlerische Leitung:	Ulrich Spannaus
Ausstellungsgestaltung und -produktion:	Ulrich Spannaus ARTUS.ATELIER GBR: Jan Spannaus, Susanne Spannaus, Olaf Bechert, Elke Kloß, Stephanie Lutz, Thomas Philipp, Siegfried Rahn, Beatrix Smolinski, Frank Smolinski, Elke Wüst
Leihverkehr:	Heide Böhm
Restauratorische Betreuung:	Zentrale Restaurierungswerkstätten der Museen der Stadt Erfurt: Karin Kosicki, Detlev Georgy, Katharina Bellinger, Thomas Rothardt
Öffentlichkeitsarbeit und Museumspädagogik:	Karin Breitkreutz
Finanztechnische Verwaltung:	Margitta Wehling
Technische Dienste:	Klaus-Dieter Probst, Hans-Joachim Jaritz

ISBN 3-923755-92-9

Mit freundlicher Unterstützung durch
Thüringer Ministerium für Wissenschaft, Forschung und Kunst

Sparkassen-Kulturstiftung Hessen-Thüringen

Sparkasse Mittelthüringen

Sparkassenstiftung Erfurt

Helaba Landesbank Hessen-Thüringen

Ein Kulturengagement der SPARKASSEN VERSICHERUNG

Landeshauptstadt Erfurt Stadtverwaltung Kulturdirektion

INHALT

VORWORT

Anlässlich der Rückkehr des Dominikaners Meister Eckhart in seinen Heimatkonvent Erfurt vor 700 Jahren hat sich die Bürgerschaft der Thüringer Landeshauptstadt entschlossen, ein Festjahr zu veranstalten. Diese Jubiläumsfeierlichkeiten unterscheiden sich von den vorangegangenen Veranstaltungsfolgen, geht es doch diesmal um eine historische Persönlichkeit, die im Gegensatz zu den bisher Gewürdigten (Martin Luther, Johann Sebastian Bach, Adam Ries) in der breiten Öffentlichkeit nur einen geringen Bekanntheitsgrad hat. Trotzdem stoßen die zahlreichen Veranstaltungen, Ausstellungen und Fachvorträge über den aus Thüringen stammenden „Lese- und Lebemeister" des 13. Jahrhunderts auf eine große Resonanz. Ist das ein Ausdruck des Wunsches nach Auseinandersetzung mit Eckhartschem Gedankengut und christlicher Mystik, oder gar die Frage nach „dem Letzten", eine Gottsuche wie sie Eckhart schon vor 700 Jahren umgetrieben hat? Der Drang nach reinem Wissen hat diese Resonanz wohl nicht hervortreten lassen. Sicher geht es auch nicht um das institutionalisierte und massenkompatible Zurechtgestalten eines weiteren Mosaiksteines der deutschen Erinnerungskultur. Vielleicht ist es eher das, was Ernst Bloch 1947 über Meister Eckhart in seinem „Prinzip Hoffnung" so gesagt hat: „Die Utopie der Vollkommenheit, die die Religion in den Himmel gesetzt hat, schlägt in den Kern der Menschen ... zurück.". In einem sich immer stärker säkularisierenden Europa vermitteln die Massenmedien gern das Bild einer Gesellschaft, in der die Bereitschaft, sich mit spirituellen oder philosophischen Themen zu beschäftigen nicht eben hoch ist. Aber stimmt dieses Bild wirklich? Sind die täglichen Attacken auf unsere Niveau- und Geschmacksgrenzen wie Jugendwahn, Starkult und die gnadenlose Erfolgssucht der Leistungsgesellschaft ein ernstzunehmender Angriff auf die spirituellen Bedürfnisse der Menschen oder nur oberflächlicher Reflex? Kann ein mittelalterlicher Gottsucher spirituelle Impulse für ein modernes Leben verleihen?

Museale Ausstellungen tun sich schwer, wenn es um die Vermittlung von Themen aus Philosophie und Theologie geht, werden sie doch üblicherweise einmalig und als Ganzheit rezipiert. Anders als beim Lesen eines Buches erwächst daraus die Schwierigkeit, das komplexe Werk eines Denkers einer entfernten Epoche in die Sprache der Ausstellung zu transformieren, es „einzudampfen", da die Zeitdauer der Auseinandersetzung mit den Inhalten ungleich kürzer ist als bei anderen Medien. Die Gefahr, dass sich der Besucher in einer „Papier- und Leseausstellung" verliert und schließlich langweilt, ist groß. Zudem ist es fast unmöglich oder zumindest abenteuerlich, Spiritualität und die Suche nach einem erfüllten Sein in einer Ausstellung erleben zu wollen.

Vielleicht hat deshalb noch niemand versucht, sich mit Meister Eckhart in einer Ausstellung auseinander zu setzen. Für uns als Ausstellungsmacher erschien es daher ermutigender, sich mittels zweier klarer Fragestellungen dem Meister zu nähern: Wer war der Mann, der so folgenreiche Gedanken entwickelt hat? Was prägte ihn? Die Ausstellung und das sie begleitende Buch folgen unter dem programmatischen Titel „Wer ist Meister Eckhart?" der These, dass das Werk des Meisters nur in enger Verbindung mit seinem Lebensweg und den Orten seines Wirkens begreifbar wird.

Persönliche Gegenstände, Autographen oder bildhafte Darstellungen haben sich nicht erhalten. Artefakte wie die einzigartige Kasel des Albertus Magnus, die wohl auch Eckhart in Köln getragen hat, sind aus konservatorischen Gründen nicht mehr ausstellbar. Die historischen Wirkungsstätten sind aus den Stadtbildern verschwunden oder stark architektonisch überformt. Daher kann die Rekonstruktion der Biografie lediglich anhand von einmaligen Dokumenten und Archivalien erfolgen, die jedoch nur selten direkt, meist indirekt Zeugnis von Eckharts Herkunft, Lehr- und Ordenstätigkeit geben. In sechs Stationen beziehungsweise Buchkapiteln – Herkunft / Erfurt / Paris / Straßburg / Köln / Avignon – wird der Lebensweg Eckharts nachgezeichnet. Diese Stationen sind in der Ausstellung als Anmutung eines mittelalterlichen Kreuzganges inszeniert, der bis auf den mit allegorischen Motiven geschmückten Fußboden dunkel gehalten ist. Dies und die Wegblendung der Denkmalsubstanz des 16./17. Jahrhunderts der Museumsräume ermöglicht eine Konzentration auf Zeit, Leben und Werk Eckharts ohne eine vordergründige Inszenierung mittelalterlichen Kolorits. Dabei steht das Wort wie bei Eckhart selbst im Mittelpunkt der Übermittlung. An sechs Hörstationen kann man über Kopfhörer einer Vorlesung des ausgewiesenen Eckhart-Kenners Professor Udo Kern aus Rostock lauschen und einen Zugang zu den theoretischen Hintergründen des komplexen Werkes erhalten. Der Betrachter und Zuhörer soll lesend und hörend verstehen. Fähigkeiten, die sich angesichts der Bilderfluten der Gegenwart mehr und mehr zurückbilden Um dem Lesemeister mit seiner faszinierenden Sprachkraft gerecht werden zu können, soll aber bewusst dieser schwierige und unbequeme Weg bestritten werden. Im Zentrum der Ausstellungsskulptur befindet sich ein lichtdurchfluteter Raum, in den der Besucher aus der Dunkelheit des Kreuzganges tritt, um dort in der Lichtfülle allein mit dem Wort Eckharts zu bleiben.

In Bildkabinen, die den einzelnen Stationen angegliedert sind, findet der Besucher eine weitere Informationsebene. Susanne Spannaus und Olaf Bechert sind dem Lebensweg Eckharts gefolgt und haben diese Reise in einem fotografischen Protokoll, das zu einer persönlichen Spurensuche wurde, festgehalten. Diese Impressionen, in der Ausstellung auf Monitoren gezeigt und im Buch in einer Auswahl als Einleitung der Kapitel fungierend, erwecken ein ambivalentes Gefühl von Nähe und Distanz. Kann man die Zeitspanne zwischen 1303 und 2003 wirklich durchmessen und entsteht dabei ein Verständnis sowohl für den Wandel als auch für das Beständige?

Vom Kreuzgang gelangt der Besucher zu „Erlebnisräumen“, die sich auf unterschiedliche Weise mit der Eckhartschen Suche nach Gott und nach dem Glück auseinandersetzen. In einem Spiegelraum trifft der Besucher unzählige Male auf sich selbst. Ein anderer Raum konfrontiert mit Menschenbildern und philosophischen Meditationen des 14. und 20. Jahrhunderts. Schließlich haben sich unter der Anleitung von Professor Herbert Wentscher und Dr. Kai Uwe Schierz Studenten der Medienwissenschaften an der Bauhaus-Universität Weimar dem Leben Eckharts und Kategorien seines Denkens zugewandt. Die prämierten Arbeiten von Nele Rojek, Nici Wegener, Benedikt Braun und Sebastian Locke fanden den Weg in die Ausstellung und eröffnen dem Besucher eine eigenständige Interpretationsebene.

Im Buch finden sich zwischen den einzelnen biografischen Stationen Beiträge namhafter Eckhart-Kenner, die dem interessierten Leser ermöglichen, tiefer in das Thema der Ausstellung einzusteigen. Josef Pilvousek lässt den Alltag Erfurts um 1300 lebendig und kenntnisreich entstehen. Dabei entwickelt er die These von der Stadt als „sakraler Gemeinschaft“, in der zwar häufig weltliche Interessen in den Vordergrund rücken, die aber letztlich ein Instrument für ihre Bewohner bleibt, um in den Himmel zu kommen. Andreas Speer überschreibt seine Abhandlung mit „Suche nach dem inneren Menschen“. In sechs Schritten vollzieht er eine stringente Hinführung zu den philosophischen Kerngedanken Eckharts. Klaus-Bernward Springer führt uns in die Ordensvorschriften der Dominikaner für „Dienst- und Pastoralreisen" ein und spannt den Bogen zur Darstellung der zahlreichen Reisen Meister Eckharts. So entsteht das überraschende Bild einer mobilen Gesellschaft, die gemeinhin immer noch statisch gesehen wird. Udo Kerns abschließende theologisch-philosophische Annäherung richtet ihr Hauptaugenmerk auf ethische Implikationen des Eckhartschen Werkes. Die Erkenntnis des Einen gebiert Lust am Leben und Glück, Offenheit und ledige Freiheit. Der Mensch entdeckt sich im Sein und wendet sich ab vom Haben.

Wer ist Meister Eckhart? Werfen Ausstellung und Buch am Ende nicht noch mehr Fragen auf, da doch beide fragmentarisch bleiben müssen? Verfehlt die Ausstellung nicht letzten Endes ihr Ziel? Wird dieses Projekt nicht zwangsläufig zu einer Marginalie über den Charakter historischer Rekonstruktion? Diese Fragen können nur die Besucher und Leser beantworten. Wir Macher sind jedoch von der festen Überzeugung getragen, dass wir mit unserer Arbeit die Voraussetzung geschaffen haben, Leben und Werk Eckharts vor allem in einen breiteren öffentlichen Diskurs als bisher zu stellen und dabei auf einem soliden wissenschaftlichen Fundament zu fußen, ohne vollständig in einen aufklärerischen Gestus zu verfallen.

Abschließend bleibt es uns überlassen, all jenen zu danken, die uns wohlwollend unterstützt haben. Da bekanntlich ohne Geld nichts geht, sei den öffentlichen und privaten Geldgebern zuerst gedankt. In einer Zeit, in der sich Kultur immer stärker dem Effizienzkriterium unterordnen soll, erscheint nichts mehr selbstverständlich. Deshalb ist es höchst erfreulich, dass die Stadt Erfurt mit einem Ratsbeschluss die Weichen für das Eckhart-Jahr gestellt hat. Unter der Leitung der Kulturdirektion entstand ein anspruchsvolles und abwechslungsreiches Programm, dass trotz stärker werdender kommunaler Finanznöte nie in Frage gestellt wurde. Das Thüringer Ministerium für Wissenschaft, Forschung und Kunst hat mit seiner Förderung die überregionale Bedeutung des Projekts unterstrichen. Dieses deutliche Bekenntnis der öffentlichen Geldgeber führte dazu, dass sich mit der Sparkassen-Kulturstiftung Hessen-Thüringen, der Sparkassenstiftung Erfurt, der Sparkasse Mittelthüringen, der Helaba und der Sparkassenversicherung ein Sponsoringverbund fand, der insgesamt ein Drittel des Gesamtbudgets übernahm. Überzeugt von der Strahlkraft Meister Eckharts haben diese Unternehmen ein Zeichen für die Notwendigkeit solcher Ausstellungen gesetzt, trotz und vielleicht auch aufgrund der gegenwärtigen wirtschaftlichen Gesamtsituation.

Zu Dank verpflichtet sind wir neben den Leihgebern auch vielen Menschen, die uns bei der Projektabwicklung unterstützt haben und uneigennützig mit Rat und Tat zur Seite standen: Dem Initiator des Eckhart-Jahres Dr. Kai Uwe Schierz, Professor Udo Kern, Professor Andreas Speer, Dr. Klaus-Berward Springer, Professor Josef Pilvousek, Pater Dr. Walter Senner OP und Thomas Nitz. Außerdem danken wir Bischof Joachim Wanke, dem Provinzial der Dominikanerprovinz Teutonia Pater Hans-Albert Gunk OP, Hubertus Staudacher vom Katholischen Forum, dem Dompfarrer Reinhard Hauke, Pfarrer der Predigergemeinde Johannes Staemmler und der Gemeindekirchenratsvorsitzenden Dr. Inge Linck.

Hardy Eidam Ilka Thom Ulrich Spannaus

Bild der Frau
Auto Bild
Sport Bild
Bild

Tambach in Thüringen : August 2003

Ein Thüringischer Rittersohn

Meister Eckhart stammte aus der Gegend um Gotha in Thüringen. Er gehörte dem niederadeligen Geschlecht derer „von Hochheim“ an, die zunächst Gefolgsleute der Grafen von Wangenheim waren. Der Name „von Hochheim“ bezieht sich auf ein Dorf in der Nähe von Wangenheim, dass die Grafen als Lehensgut an Ministeriale vergaben. Vor 1260 stieg die Familie von Hochheim in den Ritterstand auf. Der Vater Eckharts war Vogt der Burg Waldenfels bei Tambach, die die Straße von Gotha nach Schmalkalden und ins Werratal sicherte. Die Familie wohnte wohl auf einem freien Hof in oder bei Tambach, wo Eckhart kurz vor 1260 geboren und aufgewachsen sein muss.

Tambach gehörte zum Patronat des Zisterzienserklosters Georgenthal, zu dem die Familie Eckharts anscheinend enge Beziehungen pflegte. Eckharts Großvater war vermutlich Vogt des Georgenthaler Klosters, der Vater ist als Wohltäter des Gothaer Zisterzienserinnenklosters bezeugt. Obwohl ältester Sohn, folgte Eckhart seinem Vater nicht im Ritterstand, statt dessen wählte er den geistlichen Stand und den Klostereintritt. Er trat jedoch nicht dem Zisterzienserorden bei, sondern entschied sich für den erst wenige Jahrzehnte bestehenden Orden der Predigerbrüder, die nach ihrem Gründer, Dominikus auch Dominikaner genannt werden.

Dominikanermönch

unsere Werke, es sei Essen, Schlafen, Wachen oder was immer es sei. Die nicht großen Seins sind, welche Werke die auch wirken, da

Georgenthal in Thüringen : August 2003

Die neuen Orden

Die nach 1200 entstandenen beiden großen Bettelorden waren Teil, Folge und Antwort einer breiten inner- und außerkirchlichen Bewegung, die nach neuen Formen des christlichen Zusammenlebens suchte. Einer verhärteten, nach weltlicher Macht strebenden Kirchenhierarchie und dem Hunger der Laien nach Teilhabe am christlichen Heilswerk setzte diese Bewegung ein apostolisches Leben in Armut entgegen. Die alten Orden waren nicht in der Lage sich der Masse der Gläubigen in den wachsenden älteren und neuen Städten glaubhaft anzunehmen. Erst Franziskaner und Dominikaner wandten sich im 13. Jahrhundert in völlig neuer Art und Weise den Bedürfnissen der Laiengläubigen zu. Bis weit in das 14. Jahrhundert hinein prägten sie das religiöse Leben der europäischen Städte, wo sie das Ideal der Laienbewegungen, ein Leben in der Nachfolge Christi und demütiger Armut aufnahmen und sich der Seelsorge der städtischen Bevölkerung zuwandten.

Während der Franziskanerorden aus der Armutsbewegung hervorging, entstand der Dominikanerorden als Reaktion der römischen Kirche auf die sich vor allem in Südfrankreich ausbreitenden Ketzerbewegungen. Sein Gründer Dominikus sammelte um sich orthodoxe Prediger, die sich den in den Augen der Kirche häretischen Laienpredigern entgegenstellten. 1216 bestätigte der Papst den Orden der Predigerbrüder und beauftragte sie mit der Bekämpfung der Ketzerei durch die Verkündigung des Evangeliums in der ganzen Kirche und ein beispielhaftes Leben in apostolischer Armut. 1221, als in Köln der erste deutsche Dominikanerkonvent gegründet wurde, umfasste der Orden 20 Männer- und vier Frauenkonvente in acht Provinzen. Anfang des 13. Jahrhunderts zählte man in 18 Provinzen 509 Mönchs- und 141 Nonnenkonvente, davon 90 allein in der deutschen Provinz Teutonia.

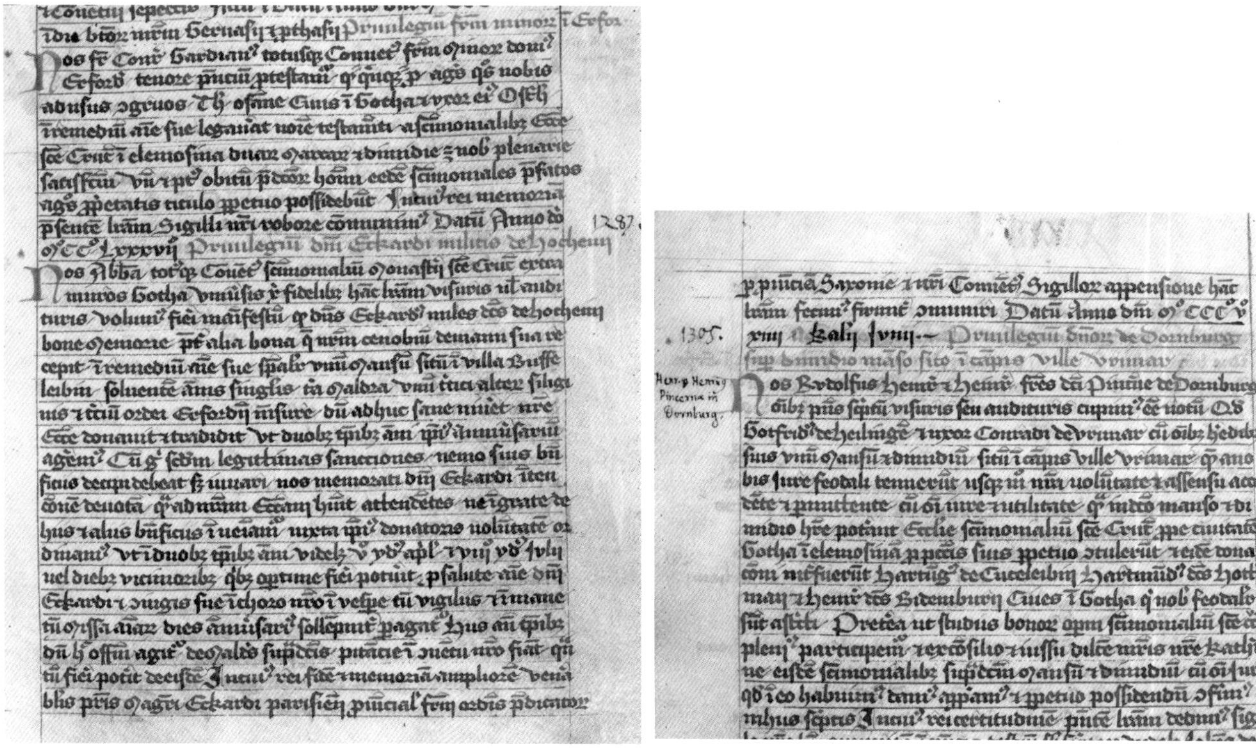

Die Abschrift einer von Eckhart 1305 als Provinzial gesiegelten Stiftungsurkunde ist das einzige Zeugnis der Zugehörigkeit Eckharts zum Eckehartzweig derer von Hochheim.

Kopialbuch des Heiligkreuz Klosters Gotha, Abschrift einer Urkunde über eine Stiftung an das Zisterzienserinnenkloster Gotha durch den verstorbenen Herrn Eckard, Ritter genannt von Hochheim, Gotha, 13. Mai 1305. Pergamenthandschrift, Gotha, Thüringisches Staatsarchiv, Geheimes Archiv RR IU Nr. 12, f. 28r/v.

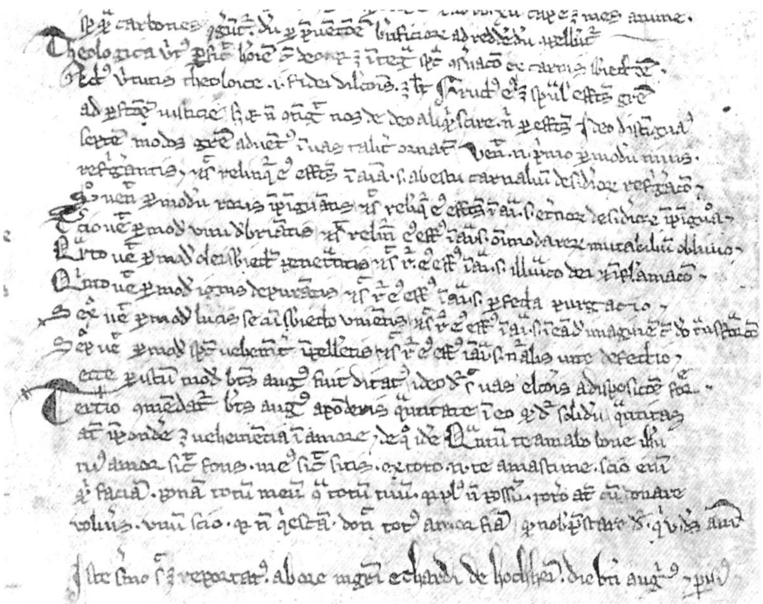

Die 1880 von Dominikanerpater Heinrich Denifle in der Erfurter Bibliotheca Amploniana gefundene lateinische Predigt belegte die Annahme, dass Eckhart aus Thüringen stammte. Die Schlussbemerkung der Predigt erklärt, Meister Echard von Hochheim aus Paris habe die Predigt daselbst am Tag des heiligen Augustinus gehalten.

Meister Eckhart: Predigt „Vas auri solidum", Paris 1302/03. Pergamenthandschrift, Erfurt, Universitäts- und Forschungsbibliothek, Ca 2° 36, f. 1r.

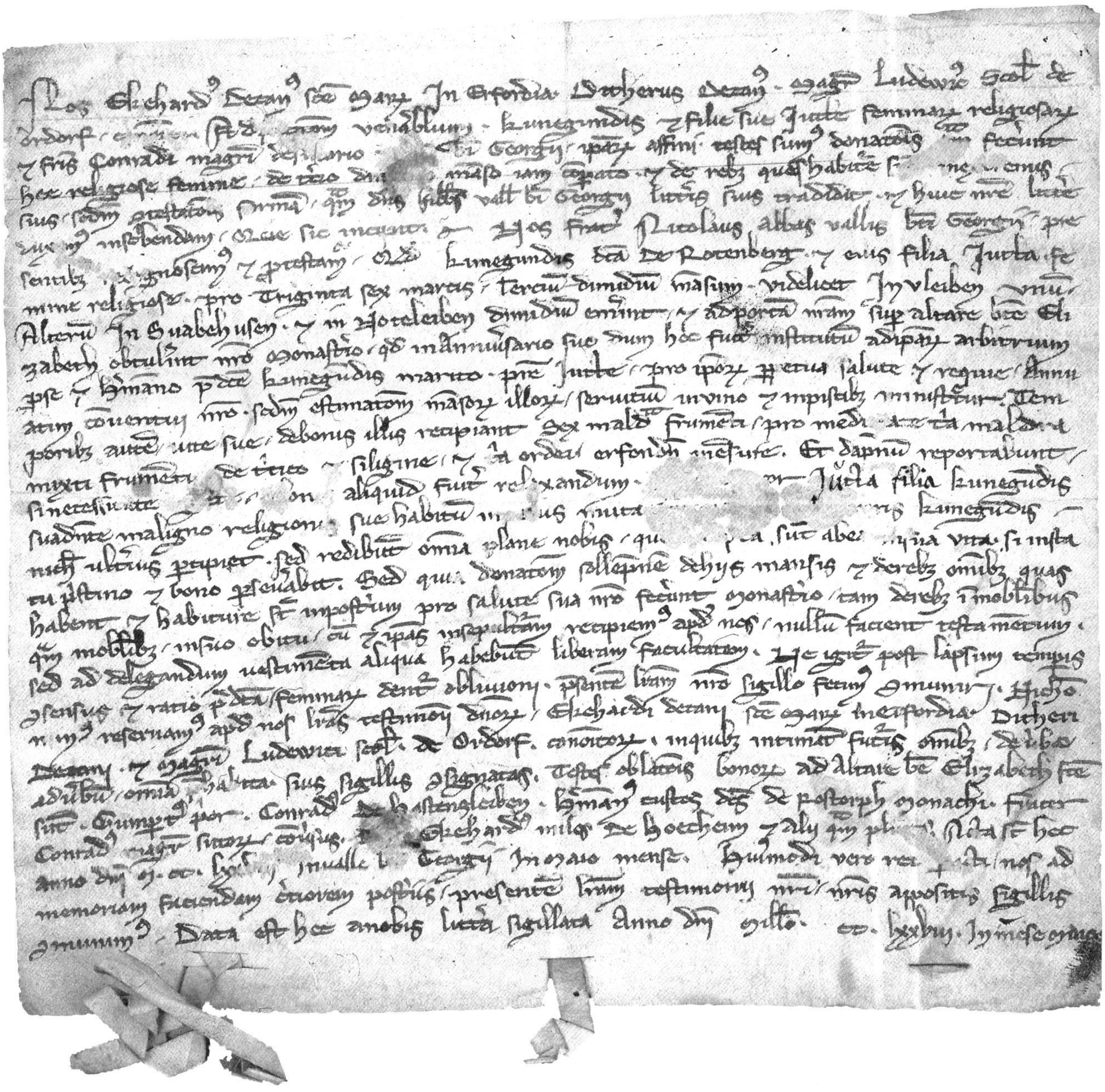

Die Zeugenreihe der Urkunde von 1278 nennt an letzter Stelle Ekehard, Ritter von Hochheim. Das in der Urkunde verwischte vorherige Wort, wird im Kopialbuch des Klosters mit „dominus“ wiedergegeben. Der vermutliche Vater Eckharts wird damit zum wiederholten Mal in einer Urkunde als begüterter Angehöriger des Ritterstandes bezeichnet.

Urkunde über die Schenkung von Gütern an das Zisterzienserkloster Georgenthal durch die geistlichen Frauen Kunegunde von Rothenberg und ihre Tochter Jutta, Georgenthal, Mai 1278. Pergamenturkunde, Gotha, Mai 1278, Thüringisches Staatsarchiv, Geheimes Archiv QQ Id Nr. 95.

Menschen zurück und wären immerzu gern allein, und daran läge ihr Friede und daran, daß sie in der Kirche wären – ob dies das Beste

Vom Klosterschüler zum Provinzial

Eckhart trat vermutlich um 1274 in das Erfurter Predigerkloster ein. Über seine Lehr- und Studienjahre ist nichts bekannt, doch muss er die dominikanische Studienlaufbahn mit Erfolg absolviert haben. Dem Noviziat und einer Grundausbildung im Heimatkloster folgte ein mehrjähriges Studium an verschiedenen Konventen. Studien der Artes und der Philosophie folgte ein Theologiestudium, nach dessen erfolgreichem Abschluss die Priesterweihe stattfand.

1294 kehrte Eckhart in den Erfurter Dominikanerkonvent zurück. Bis 1298 war er Prior seines Konventes und Vikar für Thüringen. In diesen Jahren entstanden wohl die „Reden der Unterweisung“. Den Anlass der „Reden“ bildete die Unterrichtung junger Männer, die vor dem Ordenseintritt und dem Ablegen der Gelübde standen. Darüber hinaus entwarf Eckhart in diesem Traktat eine Tugendlehre für alle nach einem „wahren“ christlichen Leben strebenden Menschen. Von 1298 bis spätestens 1302 war er wohl nur noch als Vikar tätig.

Nach mindestens einjähriger Abwesenheit kehrte er 1303 zurück und wurde erster Provinzial der neuen Ordensprovinz Saxonia. Das Amt verlangte von Eckhart eine beträchtliche Reisetätigkeit, unterstanden ihm doch 47 Klöster in Thüringen, Sachsen, Meißen, Westfalen, Slavenland, Brandenburg, Holland und Friesland. 1307 war Eckhart zudem als Generalvikar in Böhmen unterwegs. Seine Tätigkeit als Provinzial der Saxonia endete 1311. Im selben Jahr verließ er Erfurt und das dortige Predigerkloster.

Predigerkloster Erfurt

Das Erfurter Predigerkloster

Nachdem 1224 Franziskaner nach Thüringen und Erfurt gekommen waren, folgten ihnen 1229 die ersten Dominikaner in die größte Stadt der Region. Dort fand sich der Bedarf für ihre seelsorgerische Tätigkeit und auch für ihren Lebensunterhalt, den sie aus Spenden der Gläubigen deckten.
Die vier aus Paris kommenden hochgebildeten Predigerbrüder ließen sich unter ihrem ersten Prior, Elger von Honstein zunächst auf einem vom Viztum erworbenen Hof südlich der Paulskirche nieder. Im dortigen ersten Kloster fand bereits 1231 ein Provinzialkapitel statt.

1238 fand, wahrscheinlich schon am Platz der heutigen Predigerkirche, die Weihe des ersten dominikanischen Gotteshauses in Erfurt statt. Die Grundstücke für diese und die folgenden Klostererweiterungen hatte neben Bürger- und Adelsfamilien auch der Erfurter Rat gestiftet. Die kleine Kirche war jedoch nur für den eigenen liturgischen Gebrauch bestimmt. Die Brüder predigten in den Stifts- und Pfarrkirchen oder auf den Plätzen. Rasch errangen sie einen wachsenden Anteil an der städtischen Seelsorge und den daraus resultierenden Schenkungen, Stiftungen und Spenden.

1270 begannen die Dominikaner mit dem Bau des heutigen Kirchenchores. Weitergeführt und beendet wurde der Bau jedoch erst im 14. Jahrhundert. Noch im 13. Jahrhundert entstanden der östliche Teil des Kreuzganges und das heute noch erhaltene östliche Konventsgebäude mit der Sakristei, der Bibliothek, dem Kapitelsaal, dem Refektorium und dem Dormitorium. Dieses Konventsgebäude und der Chor der Kirche stellen den einzigen noch erhaltenen Lebens- und Wirkungsort Meister Eckharts dar. Die mit den Familienwappen der Förderer des Konvents geschmückten Schlusssteine der Gewölbedecken verweisen noch heute auf die engen Beziehungen zwischen den Erfurter Bürgern und den Predigerbrüdern.

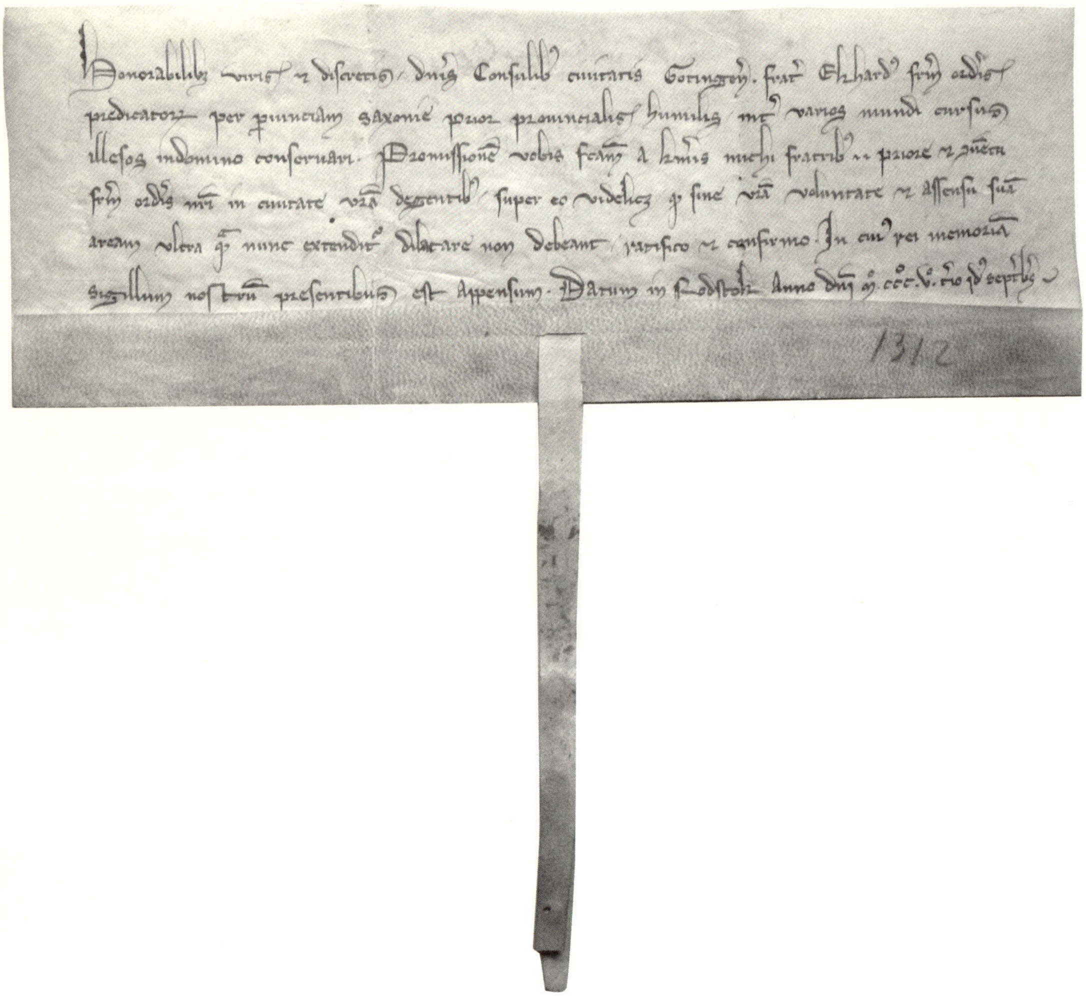

In der einzigen von ihm erhaltenen Siegelurkunde, bestätigt Eckhart als Ordensprovinzial der Saxonia eine Abmachung zwischen dem Göttinger Predigerkloster und dem Rat der Stadt. Der in Rostock geschriebene Brief bezeugt die Anwesenheit Eckharts auf dem 1305 in Rostock abgehaltenen Provinzialkapitel.

Brief des Provinzials der Saxonia an den Göttinger Rat, Rostock, 11. September 1305. Pergamenturkunde (Siegel verloren), Göttingen, Stadtarchiv, Urk. 1312.

Das Siegel des dritten Provinzials der Saxonia ist eine Nachahmung des Provinzialssiegel der Teutonia. Es hängt an einer Braunschweiger Urkunde vom 31. Oktober 1319 und zeigt den aus dem Grab steigenden Christus. Vor dem offenen Grab liegen wohl zwei schlafende Wächter. Eckhart benutzte als erster Provinzial der Saxonia vermutlich auch dieses Siegel.

Siegel des dritten Provinzials der Saxonia. Wachssiegel, 31. Oktober 1319, Wolfenbüttel, Niedersächsisches Staatsarchiv, 7 Urk. 212.

niemand behindern. Warum ? Weil er einzig Gott hat und es nur auf Gott absieht und alle Dinge ihm lauter Gott werden. Ein solcher

Die wohl zwischen 1294 und 1298 verfassten „Reden der Unterweisung“ sind der älteste erhaltene Traktat Eckharts. Die Reden aus „Lehrgesprächen“ mit Novizen des Erfurter Predigerklosters, in denen Eckhart seine Lehre vom richtigen mönchischen und christlichen Leben ausführte, enthalten bereits die Grundgedanken seines späteren Werkes.

Meister Eckhart: „Reden der Unterweisung“. Papierhandschrift, 15. Jahrhundert?, Berlin, Preußischer Kulturbesitz, Handschriftenabteilung der Staatsbibliothek, Ms. germ. oct. 697, f. 1v/2r.

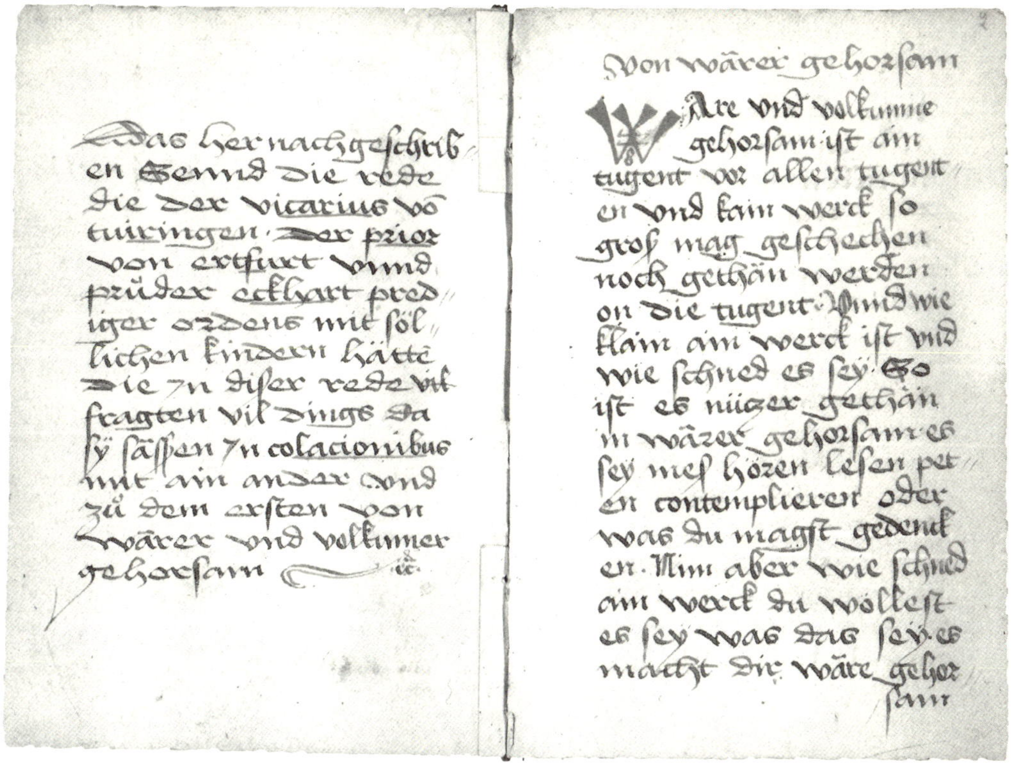
Das her nach geschrib
en wennd die rede
die der vicarius vo
türingen der prior
von erfurt vnnd
prüder eckhart pred
iger ordens mit söl
lichen kindern hätte
die jn diser rede vil
fragten vil dings da
sÿ sässen jn colacionibus
mit ain ander vnnd
zü dem ersten von
wärer vnnd volkumner
gehorsam

Von wärer gehorsam
Wäre vnd volkumne
gehorsam ist ain
tugent vor allen tugent
en vnd kain werck so
groß mag geschechen
noch gethän werden
on die tugent. Vnnd wie
klain ain werck ist vnd
wie schnöd es sey. So
ist es nützer gethän
in wärer gehorsam es
sey meß hören lesen pet
en contemplieren oder
was du magst gedenck
en. Nim aber wie schnöd
ain werck du wöllest
es sey was das sey. es
machst dir wäre gehor
sam

Die in drei Exemplaren erhaltene Predigtsammlung enthält 64 Predigten, von denen 32 Eckhart zugeschrieben werden. Angelegt wurde die Sammlung vermutlich Ende der 1330er Jahre im Erfurter Predigerkloster, wo die meisten Predigten während Eckharts Provinzialat zwischen 1303 und 1311 gehalten und aufgezeichnet wurden.

Predigtsammlung „Paradisus anime intelligentis“, Verzeichnis der Predigten mit Verfassernamen. Pergamenthandschrift, 14. Jahrhundert, Hamburg, Staats- und Universitätsbibliothek, theol. 2057, f. 1r.

Blick vom Predigerkloster zum Erfurter Dom

Erfurt zur Zeit Meister Eckharts

Josef Pilvousek

Die Stadt Erfurt, wie sie Meister Eckhart erlebt und wahrgenommen haben könnte, ist Gegenstand der folgenden Ausführungen.

Das Thema kann suggerieren, man könne einen Zeitraum von ca. 40 Jahren gründlich darstellen. Favorisiert man eine seriöse Darbietung, muss man gestehen, dass es für eine solche Darstellung viel zu wenig Quellenmaterial gibt. Einer zweiten Versuchung könnte man erliegen. Die Historie Erfurts müsse doch auch Aufschluss darüber geben können, wodurch Meister Eckhart beeinflusst worden ist. Eine historische Folie könne auf das Leben Meister Eckharts gelegt werden, um dann rekonstruierend zu sagen, was Meister Eckhart aus der Geschichte Erfurts gelernt habe oder welche Ereignisse ihn beeinflusst hätten. Dass ihn seine Erfurter Zeit beeinflusst hat, ist sicher. Aber welches Ereignis, welche Eindrücke, welche Begegnungen prägend waren, ist aus historischem Stoff allein nicht zu eruieren.

Aus unterschiedlichen Gründen wird dieser Beitrag zu einem luftigen Hypothesenbau werden müssen, der lediglich durch ein Gerüst historischer Fakten gestützt werden kann. Wie immer wieder erörtert, wissen wir über Leben und Berufung Meister Eckharts in Erfurt relativ wenig. Wir können noch nicht einmal genau den Zeitraum eingrenzen, in welchem Meister Eckhart in Erfurt war. Wir wissen also nicht, welche Ereignisse er selbst als Augenzeuge erlebte oder welche Bauten und Kunstwerke er wahrgenommen hat. Da der zu behandelnde geschichtliche Abschnitt ohnehin eine Zeit der mündlichen Überlieferung ist, in der man sich Geschichten aus der Vergangenheit erzählte, kann Eckhart trotzdem über Vieles informiert gewesen sein. Lassen wir es dabei bewenden, historische Vorgänge und erhaltene Dokumente, die möglicherweise zum Umfeld Meister Eckharts gehören, sprechen zu lassen. Etwa 40 Jahre Geschichte müssen wir in den Blick nehmen. In diesen Jahren hatte Eckhart unmittelbar direkt oder aus Erzählungen seiner Ordensbrüder Erfurt erlebt. Hinzu kommen Ereignisse aus Jahren, die er indirekt aus Erzählungen Dritter – die Dominikaner waren „gesamteuropäisch" wirksam – von Erfurt erfahren hat. Der engere Rahmen sind also die Jahre von etwa 1275 bis 1310, der weitere dürfte mit der Gründung des Erfurter Klosters 1229 bis zu seinem Tod um 1327/28 abgesteckt sein. Wie hypothetisch dieses Unterfangen ist, wird daran deutlich, wenn man sich etwa die Frage stellte, warum Meister Eckhart gerade nach Erfurt kam. Sein Geburtsort Tambach taucht in den damaligen Urkunden gar nicht auf. Man stößt auf Tambach lediglich im Zusammenhang mit dem Kloster Georgenthal: Tambach war Besitz von Georgenthal. Dieses Zisterzienserkloster Georgenthal besaß seit 1247 in Erfurt einen Verwaltungshof. So ließe sich denn die kühne Hypothese aufstellen: Der junge Eckhart sei üblicherweise als Knabe ins Kloster Georgenthal geschickt worden und habe durch die Kontakte dieses Klosters zu Erfurt von der Stadt und von den neuen Orden dort erfahren. Zugegebenermaßen stützt sich diese Hypothese auf nicht vorhandene Fakten, so dass sie den Eintritt Eckharts ins Erfurter Kloster nicht schlüssig erklären kann.

In vier Abschnitten soll das Thema behandelt werden. Erfurt in seiner politischen Entwicklung, seiner wirtschaftlichen und geistigen Stellung, seinem kirchlichen Leben und seinen alltäglichen Abläufen gilt es für den Zeitraum von etwa 40 Jahren in den Blick zu nehmen. Eine auf ein Datum oder Jahr beschränkte zeitliche Festlegung ist dennoch nicht möglich, weil historische Entwicklungen eine Vorgeschichte haben und Nachwirkungen zeitigen. Auch die Aufteilung in vier Bereiche ist „künstlich" und nur theoretisch möglich, weil im Mittelalter keiner der Bereiche isoliert existierte.

1. Das politische Erfurt: zwischen Souveränität und Abhängigkeit

Im 13. Jahrhundert war Erfurt außen- und innenpolitisch äußerst erfolgreich. Die Stadt gehörte zu den drei größten Städten des Reiches und hatte mit ca. 15 000 Einwohnern eine für damalige Verhältnisse enorme Größe. Erfurt, das keine freie Reichsstadt war, erlangte dennoch in vielen Belangen Privilegien freier Reichsstädte. Eigene Streitmacht, Münzrecht und selbständige Politik täuschen aber darüber hinweg, dass die Stadt samt ihrer Besitzungen allein von der geographischen Lage her sich in Abhängigkeiten befand, die immer Kompromisse erforderten. Zum einen hatte die Stadt, trotz aller Bemühungen, die Herrschaft der Mainzer Landesherren nicht restlos abschütteln können. Eine im außenpolitischen Bereich kaum noch zu konstatierende Abhängigkeit von Mainz, vor allem im 13. Jahrhundert errungen und im 14. Jahrhundert gefestigt, kennzeichnete die Epoche. Grundlage für das Verhältnis des Landesherren zu Erfurt waren über Jahrhunderte hin die 1289 unter Erzbischof Gerhard II. von Epstein festgelegten „Concordata Gerhardi". Darin ließ man sich als Gegenleistung für die von der Stadt bei der Kurie abgedeckten Schulden des Erzbischofs die Rechte und Pflichten gegenüber dem Erzbischof bestätigen. Das bedeutete u.a. Verpfändung der Münze, Marktmeister- und Schultheißenämter auf sechs Jahre und Besetzung der Ämter durch Bürger der Stadt. Immer wieder wurde diese Abmachung erneuert. Mit diesen Konkordaten, so positiv sie für die Stadt zu sein schienen, war aber auch die letzte Chance vergeben, die Stadt zur freien Reichsstadt werden zu lassen. Der stadtfreundliche König Rudolf von Habsburg, der sich gerade zu dieser Zeit (1289–1290) für zehn Monate in Erfurt aufhielt, konnte nach

Grabplatte der Familie von Gleichen, Sandstein, um 1270, Erfurt, Dom

dieser Neuordnung der Rechts- und Machtverhältnisse schwerlich die Reichsfreiheit gewähren. Zumindest aber hatte er für Erfurt einen Landfrieden durchgesetzt, der die Entwicklung Erfurts zur wirtschaftlichen Metropole entscheidend begünstigte.

Eine Einbuße für die erzbischöflichen Grundrechte stellte auch der Verlust des Amtes des Vitztums im Jahre 1342 dar. Dieser hatte bis Mitte des 13. Jahrhunderts die Aufsicht über die gesamte „zivile“ Verwaltung in Erfurt, den Küchendörfern, in der Umgebung von Apolda und im westlichen, nicht zum Eichsfeld gehörenden Thüringen gehabt. Hinzu kamen Privilegien wie die Beaufsichtigung über Innungen, Abgaben, Zölle und Frondienste. Nicht zuletzt hatte ein neu gewählter Rat vor dem Vitztum dem Erzbischof Treue zu geloben. Die verbliebenen Funktionen waren aber schon seit Ende des 13. Jahrhunderts einem Provisor übertragen worden. Der Provisor, der Stellvertreter des Mainzer Erzbischofs in temporalibus und von nun an der führende erzbischöfliche Beamte der Stadt, vereinigte in seiner Hand die Verwaltung des erzbischöflichen Grundbesitzes, der Finanzen und den dem Mainzer Stuhl noch verbliebenen Rest des Marktmeisteramtes und der Wasserwirtschaft. Im Gegensatz zum Vitztum war er absetzbar und unterstand dem Erzbischof unmittelbar. Einer der bedeutendsten Provisoren, Herrmann von Bibra, sorgte mit seinem nach ihm benannten „Bibra-Büchlein“ dafür, dass die alten Besitzrechte des Landesherren nicht in Vergessenheit gerieten. Hier hatte er 1335 alle Mainzer Besitzrechte und die Verfassung des erzstiftischen Territoriums beschrieben und damit eine Grundlage für Restitutionsforderungen des Territorialherren geschaffen.

Noch eine zweite „Abhängigkeit“ innerhalb der „Autonomie“ gilt es zu beachten. Die Stadt lag im Territorium der Wettiner und kleiner Territorialfürsten und war durch ihren Reichtum immer ein Anziehungspunkt. Die Sachsen besaßen das Geleitrecht auf allen großen Straßen und Erfurt war mit seinem großen Landbesitz in Thüringen auf die thüringischen Landesherrn, die Sachsen, angewiesen. Im Grunde waren sie die einzigen, die der Stadt und ihrem Wirtschaftsleben einen wirkungsvollen Schutz bieten konnten. So wundert es nicht, dass die Sachsen der Stadt gegenüber die Stellung von „Lehns- und Schutzherren“ in Anspruch nahmen und immer wieder Besitzansprüche geltend machten.

Der Wettiner Landgraf Friedrich der Freidigen unternahm 1308 den Versuch, Erfurt und die freien Reichsstädte Mühlhausen und Nordhausen, die im „Thüringer Dreistädtebund“ vereint waren, unter seine Herrschaft zu bringen. Den Städten sprach er das Recht ab, Gebiete und Vogteien zu besetzen. Besonders Erfurt, das in den zurückliegenden Jahrzehnten mit viel Geld von den Wettinern und anderen Adligen Territorien erworben hatte, sah sich in seiner bisherigen Existenz gefährdet. Nachdem Friedrich die Straßen um Erfurt herum gesperrt hatte, appellierten die Erfurter an den König. Der versprach zwar, Hilfe zu schicken, betrieb dies jedoch eher halbherzig, weil er die Unterstützung des Wettiners gegen die Böhmen brauchte. Der Mainzer Erzbischof Peter von Aspelt verfolgte den Konflikt neutral, denn ihm war weder an einem Machtzuwachs der Erfurter noch des Wettiners gelegen. Geschickt nutzte Friedrich zudem die Unzufriedenheit der Bürger mit den Ratsherren und versicherte, dass sein Kampf nur dem Rat und nicht dem Volk gelte. Gefördert durch die Kriegshandlungen Friedrichs' gelang es den oppositionellen Kräften in der Stadt 1309, gewählte Gemeindevertreter, die Vierherren, in den städtischen Rat zu bekommen, die ursprünglich eine Aufsichts- und Kontrollinstanz darstellten, allmählich aber zu einem „demokratischen" Element in der Stadtverfassung wurden. Insgesamt gelang eine Umstrukturierung des Erfurter Rates, die deutlich den gewachsenen politischen Einfluss der Gemeinde und der Zünfte widerspiegelte und den Einfluss der Optimatenschicht beschränkte. Die Stadt ging aus der Krise der Jahre 1309 und 1310 innenpolitisch gestärkt hervor und konnte mit Friedrich dem Freidigen 1310 in Gotha einen Friedensvertrag abschließen, der hinsichtlich der landgräflichen Gerichtsbarkeit vorsah, dass bei Rechtsverweigerung das landgräfliche Gericht anzurufen sei. Außenpolitisch allerdings hatte man sich nun in Abhängigkeit der Wettiner begeben, die darin ein Schutzrecht über Erfurt begründet sahen. Daran änderte sich auch durch einen zweiten Vertrag von 1315 nichts, in dem zwar die Stadt hinsichtlich ihrer Bündnisse und seines Landbesitzes Zugeständnisse gemacht wurden, nicht aber hinsichtlich des Lehns- und Schutzrechtes der Sachsen.

Die Spannungen zwischen Erfurt und den jeweiligen Territorial- und Schutzherren sollten damit aber nicht beendet sein. Mainz, Sachsen und auch kleinere Territorialfürsten und dazwischen das auf seine Eigenständigkeit bedachte Erfurt, das

Severusaltar, 1. Hälfte 15. Jahrhundert, mit sog. Deckplatte des Severisarkophargs, Sandstein, um 1363, Erfurt, St. Severi

zudem über eine enorme wirtschaftliche Kraft verfügte, waren in ihren Interessenlagen zu sehr verschieden, als dass dauerhaft spannungsfreie Kompromisse möglich gewesen wären. Die Schwäche eines der beteiligten Kontrahenten bedeutete immer den Versuch des anderen, selbst mehr an Einfluss, Besitz und Rechten in der Stadt und ihren Erwerbungen zu gewinnen.

Trotz aller politischer Balanceakte bleibt festzuhalten: die Stadt hatte eine solche politische Stellung erlangt und war so Lebenszentrum der Bürger geworden, dass sie sich nun auch „innenpolitisch" konsolidieren musste. Um den gewachsenen Aufgaben gerecht zu werden hatte der Rat der Stadt bereits im 13. Jahrhundert eine Kanzlei eingerichtet. Durch Statuten und ihre ständige Erweiterung (1306, 1313, 1319, 1332, 1344, 1351, 1354, 1359, 1360) und durch Gesetze hatte man die Rechte und Pflichten der Bürger in der Stadt und gegenüber dem Rat kodifiziert. Waren noch 1306 die Pflichten der Bürger gegenüber dem Rat als „Willkür" bezeichnet worden, so werden seit 1313 alle Lebensbereiche der Stadtbewohner normiert. Dabei waren es aber die gewählten Vertreter der Bürgerschaft selbst, die diese Reglementierungen vornahmen. Zweifelsfrei hat Meister Eckhart diese politischen Entwicklungen, die mit zahlreichen kriegerischen Aktionen verbundenen waren, interessiert beobachtet und wahrgenommen.

Relief des sog. Severisarkophags, Sandstein, um 1363, Erfurt, St. Severi

2. Das wirtschaftliche Erfurt: ein attraktiver Standort mit guten wirtschaftlichen Faktoren

Eine Ausnahmestellung nimmt Erfurt nicht nur dadurch ein, dass es keine Reichsstadt war, dennoch wie eine Reichsstadt behandelt wurde und teilweise selbst so agierte. Außerdem fehlte Erfurt die bei anderen Städten übliche Förderung durch geistliche Herren oder Gunsterweise von Fürsten. Dennoch wurde die Stadt von allen Seiten umworben. Die Gründe dafür sind vielfältig und müssen vor allem in der überragenden Stellung Erfurts gesucht werden, die durch verschiedene Faktoren ermöglicht wurde.

Zunächst ist die günstige geographische Lage zu nennen. Erfurt lag im Schnittpunkt dreier wichtiger Verkehrsströme. Von West nach Ost verlief die „Hohe Strasse", auch Königsstrasse genannt. Der zweite Verkehrsstrom betrifft mehrere Passstrassen, die von Süden kommend nach Norden führten. Ein dritter Verkehrsstrom kam aus nordwestlicher Richtung am Harz vorbei und führte nach Böhmen. Viertel, also die vier Stadtteile, die wiederum durch die einzelnen Pfarreien untergliedert waren, strukturierten Erfurt. Sehr früh muss sich die Stadt zu einem Handelsknotenpunkt entwickelt haben, der von Händlern besiedelt wurde. Der Handel wurde zum wirkungsvollsten Wirtschaftsfaktor, und zahlreiche Bündnisse trugen dazu bei, die Handelswege zu sichern. Man schätzt, dass es um 1300 etwa 1000 Kaufleute in Erfurt gab. Vom Handel und den Fremden lebte die ganze Stadt. Eine große Zahl von Herbergen und Gasthäusern stand zur Verfügung, die zudem auch noch „Parkplätze" für Pferde bereithalten mussten. Viele Erfurter Bürger hatten sogar ein Fuhrgeschäft. Sie betrieben es entweder selbst oder vermieteten die Wagen an Einheimische und Fremde.

Auch Juden waren zu dieser Zeit noch auf den unterschiedlichsten Plätzen und Straßen als Händler zugelassen: „Das ding das uff dem margkt oder in der strassen gekaufft wird, das eyns Juden ist, das sull der Jude wehrten als recht ist." Verboten waren lediglich Geschäfte im Haus des Juden; dieses „Verkaufverbot" galt übrigens für alle Händler; verkauft werden sollte nur auf den von der Stadt vorgesehen Plätzen, Strassen und Märkten. Das hing vor allem damit zusammen, dass der Stadt zahlreiche Aufgaben zuwuchsen, die nur durch Steuern und Abgaben zu decken waren. Nur wenn an den kontrollierbaren Plätzen verkauft wurde, konnte man die zu verkaufenden Gegenstände besteuern.

Zu den wirtschaftlichen Machtfaktoren ist die große Anzahl von Handwerkern hinzuzuzählen, die sich in Zünften (Innungen) organisiert hatten, und die günstige Lage nutzten, um ihre Waren im gesamten damaligen Europa zu vertreiben. Diese Zünfte waren es vor allem im Verein der Gemeinde, die allmählich das politische Geschehen in Erfurt weitgehend bestimmten und das Gemeinwesen prägten. Alle damals bekannten Handwerke sind zahlreich vertreten: Münzer und Weber, Fleischer, Bäcker, Gerber, Pergamenter und Schuster; Schmiede, Krämer, Tuchweber, Schneider, Kürschner, Salzverkäufer, Holzhauer und Hutmacher, um nur die wichtigsten zu nennen. Man schätzt die Zahl der Handwerke auf 50.

Von den unterschiedlichsten Gewerken und Innungen lebten wiederum Knechte, für die es, wenn sie eine Beschäftigung suchten, eine Art Aufstellungsordnung gab: „Die byrträger sullen stehen under dem gericht in der Futtergassen“ und die arbeitenden Knechte „under dem Dache uff dem wynigen marckt“.

Seinen Reichtum verdankte Erfurt bis zum Ende des Mittelalters aber wohl in erster Linie dem Waid, jener Pflanze, die in der Umgebung Erfurt angebaut wurde und als Blaufärbemittel diente. Der Handelsplatz für den Waid dürfte der Anger gewesen sein. Die Waidhändler wurden allmählich durch ihre Monopolstellung zu den reichsten Bürgern. Die eigentliche Arbeit verrichteten Waidknechte, die die aus der Umgebung angelieferten Pflanzen in mehreren Prozessen bearbeiteten.

Getreide- und Weinanbau sowie der Anbau zahlreicher Gemüsesorten sind für Erfurt bezeugt.

Zahlreiche Mühlen waren in Betrieb, wobei einige auch im Winter „freigehalten“ werden sollten. Das bedeutete, sie bei Frost funktionsfähig zu halten.

Viele Bauten und Kunstdenkmäler zeugen noch immer vom Geschick der Handwerker und Künstler und geben uns einen Einblick in diese Zeit. Namen von Plätzen und Strassen lassen noch heute erkennen, welche Güter verkauft oder angeboten wurden.

Erfurt galt schon im 13. und 14. Jahrhundert als bedeutender Schulort. Für unseren Zeitraum wird die Zahl der Schüler – als Studenten bezeichnet – auf 1000 geschätzt. Sie kamen aus ganz Europa. Durch einen Zusammenschluss der Erfurter Schulen im Jahre 1282 wurde eine gemeinsame Schulordnung erlassen. Vor allem wegen der Schuldisziplin – viele, die überhaupt keiner Schule oder Kirche verbunden waren, beanspruchten wegen des Studiums einen Aufenthalt in der Stadt – wurde diese Ordnung nötig. Die Schüler führten ein ausschweifendes Leben zum Schaden der schulischen Disziplin und zum Nachteil des geistlichen Standes, den sie aber zu ihrem Schutz in Anspruch nehmen wollten. Um den geschilderten Zuständen entgegenzutreten, beschlossen der Propst des Reglerstiftes und die Scholaster von St. Marien und St. Severi mit Rat und Zustimmung ihrer Kapitel eine Schulordnung zum Nutzen und zur Ehre der Magister und Scholaren und zur Wiederherstellung der disciplina scolastica. Unter einem Rektor superior vereinten sich diese Schulen (Schottenschule und zeitweise die Schule des Petersklosters) seit 1362 organisatorisch und inhaltlich. Damit war eine wichtige Voraussetzung für die Gründung einer Universität geschaffen.

Unbeteiligt an diesem Studium generale waren die Bettelorden. Sie hatten eigene Studien. Die hoch veranschlagte Ausbildung war für die Ordensbrüder bestimmt und fand in den Klöstern statt. Zwar war auch Meister Eckhart als Lehrer tätig, doch eben ausschließlich im eigenen Kloster, das 1249 die Bibliothek des Marienscholasters Ludwig erhalten hatte.

Vom Selbstbewusstsein, freilich auch Dünkel, der Stadtväter zeugen einige Gesetze, die das Image der Stadt gegenüber Fremden und Gästen hoch halten sollten: „Allerleye essen und drynken“, welches heimlich auf dem Rathaus oder in der Markthalle geschieht, soll man ganz abstellen.

Ohne Zweifel ist Erfurt seit Mitte des 13. Jahrhunderts allmählich, trotz politischer Probleme, ein wirtschaftlich und kulturell attraktiver Wohn- und Lebensraum geworden. Natürlich gehörten zu diesem Gebilde „Stadt“ auch Krankheiten, Seuchen, Armut, Stadtbrände und Verbrechen. Aber augenscheinlich konnte die Stadt diese Unbilden so absorbieren, dass sie für Fremde anziehend blieb.

3. Das kirchliche Erfurt: die Gemeinde als „sakrale Gemeinschaft“

Erfurt war eine Stadt, deren Erscheinungsbild durch Türme und deren Tagesablauf durch Glocken bestimmt wurde. 23 oder 24 Pfarrkirchen, 11 Klöster und drei Stifte gab es in der Stadt. Das Marienstift, der heutige Dom, war die Matrix, also die „Mutterkirche“ Erfurts. Diese äußeren Merkmale sind Ausdruck einer inneren Wirklichkeit: die Stadt verstand sich als „sakrale Gemeinschaft“.

Die Kirchengeschichte Erfurts im Spätmittelalter weist alle für diese Epoche geltenden Merkmale auf; so herrschte die selbstverständliche Überzeugung, die einzelnen Organe der städtischen Bürgerschaft hätten unmittelbar geistlich-kirchliche Verantwortung. Konflikte mit Klöstern, Kirchen und einzelnen Klerikern traten vor allem dann auf, wenn die Bürgerschaft die „Qualität“ der „seelsorglichen“ Tätigkeit gefährdet sah. Zusammen mit den maßgeblichen kirchlichen Verantwortlichen drängte man sodann auf Besserung. Zeitweise Forderungen, den Klerus der städtischen Gerichtsbarkeit zu unterwerfen und zu Steuerzahlungen zu verpflichten, dürften neben administrativen Interessen maßgeblich von diesen Gedanken bestimmt worden sein. Dass es im Erfurt des Spätmittelalters vergleichsweise wenige schwerwiegende Auseinandersetzungen zwischen „kirchlicher“ und „bürgerlicher“ Gemeinde gab, ist als Beleg für das Ineinander beider Kommunen und natürlich

Pietà, Lindenholz, um 1360/70, Erfurt, Dom

auch für den latenten Reformwillen beider zu werten.

Erfurt befand sich in der schwierigen Situation, dass der Landesherr gleichzeitig kirchlicher Ordinarius war. Vielen Erzbischöfen gelang es nicht, beide Ämter in ihrer Ausübung so zu trennen, dass die zwei unterschiedlichen Aufgaben klar erkennbar blieben. Dennoch trifft für Erfurt trotz der politischen Interessen des kirchlichen Territorialherren die Definition als „sakrale Gemeinschaft", die das enge Miteinander kirchlicher und bürgerlicher Gemeinschaft hervorhebt, zu.

Diesem engen Miteinander scheinen oberflächlich betrachtet die feindseligen Handlungen des Erzbischofs zu widersprechen. Als Beispiel solcher divergierenden Interessen sei das vom Mainzer Erzbischof für zweieinhalb Jahre verhängte Interdikt von 1279 bis 1282 genannt. Analysiert man die Situation genauer, dann war das Motiv für die Verhängung nicht kirchlicher Art, sondern politisches Mittel. Als 1282 ein Vergleich zustande kam, mussten die Bürger dann auch hauptsächlich die Vorrechte der Münze, des Freiguts und der Gerichtsbarkeit anerkennen. Als kirchliche Bestimmung war einzig eine Verordnung genannt – es scheint wie ein Alibi – nämlich den Klerus nicht zu bedrücken. Bis zum Ende des 15. Jahrhunderts weiß sich der unter Mainzer Jurisdiktion stehende Klerus oft mehr der Gemeinde als dem zuständigen bischöflichen Territorialherren verpflichtet.

Auch der Streit unter den Erfurter Geistlichen und geistlichen Einrichtungen widerspricht nicht der These von der „sakralen Gemeinschaft". In Frage gestellt wurde nämlich nicht die Funktion der kirchlichen Einrichtungen und ihre Aufgaben, seien es nun Pfarreien oder Klöster. Es ging im eigentlichen Sinn um die Dominanz und Akzeptanz im kirchlichen Milieu der Stadt. Damit im Zusammenhang stand auch das wirtschaftliche Auskommen für die zahlreichen geistlichen „Dienstleister", um es salopp zu formulieren. Die Bettelorden waren durchweg besser ausgebildet, theologisch kompetenter und damit erfolgreicher. Der Pfarrklerus, der sich seit 1282 im Kaland zusammengeschlossen hatte, konnte nicht mit der Qualität der Ordenskleriker mithalten. So versuchte man die eigenen Interessen gegen andere gemeinsam zu vertreten. Erste resignierende Aktionen waren das erwirkte Verbot für die Mendikantenorden, in den Pfarrkirchen und auf den Plätzen Erfurts zu predigen. Betroffen waren davon alle Bettelorden. Die Dominikaner bekamen zusätzlich ein Problem. Die Kirchen, die die Dominikaner vor 1240 gebaut hatten, dienten in erster Linie dem Chorgebet und der Eucharistiefeier des Konventes. Sie waren klein und niedrig und für den eigenen liturgischen Gebrauch ausreichend. Ihrer eigentlichen Aufgabe, der Predigt, widmeten sie sich in den Stifts- und Pfarrkirchen oder auf freien Plätzen Erfurts. Die Erfurter Dominikaner mussten nun beginnen, eine eigene größere Kirche zu bauen, die für ihre wichtigste Aufgabe, die Predigt, geeignet war. Dieser Bau, um 1270 begonnen, und seine allmähliche Ausschmückung dürften zeitweise in den Aufgabenbereich des Priors Meister Eckhart gefallen sein.

Vom Selbstbewusstsein der Erfurter Kirche zeugt die Wiederbelebung des Kultes der Stadtpatrone Adolar und Eoban seit 1309. Über 200 Jahre, bis 1521, wurden in jedem siebenten Jahr die Gebeine der Heiligen in feierlicher Prozession durch die Stadt getragen. Eigene liturgische Traditionen finden sich in Gradualen, Festtagslektionaren, Brevieren und vor allem in den Heiligenteilen der Messen, die eine gewisse Eigenständigkeit der Erfurter Kirche gegenüber Mainz und Rom dokumentieren.

Rein zahlenmäßig war ein nicht unerheblicher Teil der Gesamtbevölkerung Kleriker oder gehörte einem Orden an. Männliche Orden, die weithin die Seelsorge in der Stadt bestimmten und dann zu wichtigen Trägern der Universität wurden, und die weiblichen Orden, die auch im caritativ-sozialen Bereich wirkten, vervollständigen das Gesamtbild dieser „sakralen Gemeinschaft".

Am Beginn des 14. Jahrhunderts wurde Erfurt Sitz eines Weihbischofs. Natürlich bedeutete dies für Erfurt eine Aufwertung. Dass die Amtsinhaber zunächst aus den Erfurter Orden gewählt wurden, beweist u.a. die Hochschätzung der Ordensleute. Die Weihbischöfe waren beamtete Vertreter des Erzbischofs von Mainz in der Ausübung der Weihegewalt, nicht der Hirtengewalt (vicarius in pontificalibus).

Zwei zusätzliche geistlich-jurisdiktionelle Ämter wurden in unserem Zeitraum in Erfurt geschaffen. Die Errichtung des „Generalgerichts für Thüringen" mit einem Generalrichter bedeutete für die Metropole Thüringens eine Vergünstigung. Denn damit war eine für die damalige Zeit qualitativ beste Gerichtsform in der Stadt etabliert worden. Für geistliche, aber auch für weltliche „Gegenstände" zuständig, erfreute sich dieses Gericht großer Beliebtheit beim Volk.

Auch das Amt eines Erfurter Generalkommissars wurde errichtet. Er war Stellvertreter des Erzbischofs – gleichsam sein Generalvikar in Thüringen – für eine Reihe von genau bezeichneten Gegenständen der geistlichen Verwaltung in den ihm zugewiesenen Propsteibezirken. Dazu gehörten die Bestätigung von Investituren, die Entgegennahme von Resignationen, die Vornahme von Versetzungen, die Erteilung von Dispensen, das „ius exuviae", die Bestätigung von Benefizien und die Vidimationsvollmacht. Die Ämter konnten in Personalunion verwaltet werden. Letztendlich bedeutete die Investitur dieser Ämter in Erfurt auch eine partielle Verselbständigung der geistlichen Verwaltung der Stadt.

So sehen wir für den vorgegebenen Zeitraum die Erfurter Kirche, analog den anderen Entwicklungen, in einer angehenden Blütezeit.

4. Das „alltägliche" Erfurt: Fallbeispiele „profanen" Lebens

Der Alltag in der mittelalterlichen Stadt Erfurt war durch vielerlei Gesetze und Vorschriften geregelt, um Ordnung, Sauberkeit, Ruhe sowie wirtschaftliche und finanzielle Sicherheit zu garantieren. Kleriker und vor allem Ordensleute waren aber keine „normalen" Einwohner der Stadt. Sie hatten Privilegien wie Steuerfreiheit und Rechte, z.B. eigene Rechtssprechung, die sie von der restlichen Bevölkerung unterschied. Sowohl Klöster als auch Pfarreien waren Bereiche für sich mit eigenem Gesichtskreis und nicht immer kongruenten Interessen. Die Stadt war eher Umgebung. Dennoch spielten natürlich Entwicklungen im Gemeinwesen in den kirchlichen Bereich hinein. Die grosse „Theuerung" und in der Folge davon die Hungersnot von 1272 betraf alle Stadtbewohner, von denen viele zeitweise zu Bettlern wurden. Aber auch umgekehrt gilt, dass Entwicklungen im Klerus und bei den Orden in das Gemeinwesen hineinreichten und es beeinflussten. Man muss nur an den durch die Bevölkerung fraglos rezipierten Aufbruch der Armutsbewegung denken. So ist eine gegenseitige Abhängigkeit zu konstatieren, die aber eher als mittelbar zu definieren ist. Die Stadt und ihr alltägliches Leben wurde vom Klerus und von den Orden so wahrgenommen, wie es in der Folge anhand einiger Fallbeispiele beschrieben wird.

Seit 1212 läßt sich für Erfurt eine Bürgerverwaltung nachweisen. In unserem Zeitraum war sie so etabliert, dass sie nicht hinterfragt wurde. Lediglich der Modus der Mitbestimmung der Gemeinde blieb bis 1310 eine Streitfrage und sollte in den folgenden Jahrhunderten gelegentlich zum Dissens führen. Der Rat war sich dieser Problematik bewusst und suchte den Eindruck von Autokratie zu vermeiden. Dazu gehörte auch, jeder Art von Vetternwirtschaft und Bestechlichkeit bereits im Ansatz zu wehren. Das konnte bis zum Verbot gehen, dass Ratsherren miteinander

Musizierende Engel, Detail des Chorgestühls, um 1360, Erfurt, Dom

aßen: „Das keyn herr des jhares er am Rath ist, mit dem anderen Essen sull." Ein weiteres stets aktuelles und virulentes Thema war die finanzielle Sicherung der Stadt, die nur durch Abgaben und Steuern zu gewährleisten war. Sehr modern klingen schon Forderungen wie diese: „Wie man und frowe ihre angefallenen gutter versteuern sullen. Eyn iglischer man oder frowe uff die ein Erbe oder gross gefellet oder an sie kemmt, sull sie verstewern." Viele Gesetze und Vorschriften haben in erster Linie Ordnung, inneren Frieden und Gerechtigkeit zum Ziel. Vielfach aber sind in diesem mittelalterlichen Gemeinwesen Delikte mit finanziellen Forderungen an die Gemeinde oder Verlusten verbunden, die es durch Normierungen abzuschwächen gilt. Versuchen wir einige Aspekte des alltäglichen Lebens im Erfurt des ausgehenden 13. und beginnenden 14. Jahrhunderts darzustellen und nehmen wir die damaligen Rechtslage als Ausgang.

Eine Vielzahl von Tavernen, Gaststätten und Herbergen gab es in Erfurt. Wie die Gesetzgebung ausweist, hatte der Rat vor allem Probleme, die regelmäßigen, sehr menschlichen Konflikte in Grenzen zu halten. So wird Zechprellern mit Gericht gedroht: „Von denen, die da weyn oder byer den wirten entragen." Soll der Wirt ein Pfand nehmen; wird der Zechpreller „übermächtig", soll der Wirt ihn vor Gericht bringen. Wer zum Schankhaus geht „es sey zu wein oder sunst" und „darinne mit dem wirte oder seynem geschenke eyn gezenk erhube", der soll verklagt werden.

Die meisten Vorschriften betreffen die alltäglichsten Getränke Wein und Bier, für deren Herstellung und Vertrieb man eigens eine Lizenz benötigte, die natürlich der Stadt ein kontinuierliches Steuereinkommen sicherte. Vor allem der Versuch, mit diesen Getränken mehr Gewinn zu erzielen, wurde scharf observiert und gegebenenfalls bestraft. Hinsichtlich des Weines unterschied man zwei Sorten, den Einheimischen und den Fremden. Mit fremden Wein wurde häufig der Würzburger, also Frankenwein, bezeichnet. In späteren Jahrhunderten wird man weniger diplomatisch die unterschiedliche Qualität dieser beiden Sorten dadurch beschreiben, dass man den Einheimischen einfach Wein nennt, während man den Auswärtigen als guten Wein bezeichnet. Vorschriften lassen erkennen, welche Möglichkeiten zur Mehreinnahme beim Getränkeverkauf genutzt wurden und zeigen die rigiden Vorschriften. Wein darf man nicht mischen; man darf nur das volle Maß ausschenken. Der Ausschank und die Wer-

bung dürfen erst nach der Pfarrmesse beginnen. Trinkt man zu Hause Wein, so darf man es nur allein tun. Da offensichtlich die unterschiedlichen Sorten je nach dem jeweiligen Zustand des Gastes gern verändert wurden, legte man fest: nur wenn ein Fass leer ist, darf man ein neues beginnen.

Für den Ausschank von Bier galten ähnliche Vorschriften. Die „Byrerer" wie die Biereigner genannt wurden, mussten für ihr Braugeschirr Steuern zahlen und hatten hinsichtlich des Ausschanks auf volle Gläser und unvermischtes Gebräu zu achten. Zudem sollten sie das Bier nicht „ärgern", was bedeutete, man durfte den Brauprozess nicht durch physische Einflüsse wie etwa Schlagen der Braupfannen beschleunigen. Erst wenn das Bier in Fässer oder Molden abgefüllt war, durfte es verkauft werden.

Außer den Gasthäusern existierten zahlreiche Badehäuser, in denen man entspannen konnte. Sie dienten aber nicht nur der Sauberkeit und Hygiene. Hier wurden auch soziale Kontakte gefestigt oder geknüpft.

Bei der Vielzahl der Gäste und Fremden war es schwer, einen Überblick über die Intention und Gesinnung dieser Auswärtigen zu bekommen. Man befürchtete Verrat, Brandstiftung und Diebstahl. Die Herbergsinhaber wurden zur Wachsamkeit aufgefordert. Waffen sollten von den Fremden abgelegt werden. Waren es Händler, so sollten sie wenigstens einen Tag ihre Waren in Erfurt anbieten. Vor allem aber dürfe niemand außerhalb der Stadt Getreide, Waid und Hopfen kaufen.

Angesicht der räumlichen Enge hatten auch die Kirchen mancherlei Probleme, ihre ureigensten Aufgaben, beispielsweise das Begräbnis, zu versehen. Gerade die Bettelorden waren häufig gefordert, in oder um ihre Kirchen Gräber zu schaffen und Grabsteine aufzustellen. So kam man in Konflikt mit den benachbarten Häusern, als man Grabsteine in die Wände der Häuser einließ. Also setzte der Rat fest: „Welch man hat Krapsteyn in eynes anderen mans Wand, der sull es nicht mehr machen, als mit Einverständnis des, der des wand ist oder hab sulche brieffe oder urkunde, das er es mit recht thut."

Nahezu alle Strassen und Gassen waren von Kanälen durchzogen. Die hohe Brandgefahr erforderte im Notfall genügend Löschwasser. Wie in anderen mittelalterlichen Städten auch benutzten die Erfurter diese Wasser als Müllentsorgung. Deshalb legte man fest: Bürger, die an solchen Wasserarmen wohnen, sind verpflichtet, an den Samstagen den „Unflat" aus dem

Wasser zu holen. Ein ständig vom Rat der Stadt moniertes, aber nie wirklich beseitigtes Ärgernis war die Nutzung der einzelnen Wasserarme als Kloake.

Viele, vor allem ärmere Bürger, betrieben nebenbei noch Ackerbau und Viehzucht. Manche taten das auch innerhalb der Stadt. „Auf den Misten" hieß ein Terrain um die Gotthardkirche. Um vor allem ein geordnetes Abweiden zu sichern und den anfallenden Mist der Tiere nicht überall zu haben, waren eigens von der Stadt Hirten bestimmt worden. So legte man fest: „Es sull niemandt, der da Schaff hat, die Schaff treyben, da von einem gemeynen Hirten. Wer das bricht, der sull zu der wochen gebn eyn lötig margck sylbers."

Jedes Stadtviertel dürfte einen oder mehrere Bäcker gehabt haben. Brot, das Grundnahrungsmittel schlechthin, war auch Indikator für die Zufriedenheit der Bürgerschaft. Bei Fehlen, schlechter Qualität oder Quantität drohte Aufruhr. Der Magistrat ließ deshalb zweimal in der Woche die Bäcker auf Größe und Qualität der Brote kontrollieren und gegebenenfalls Sanktionen verhängen. Sie konnten darin bestehen, den Brotpreis zu senken.

Fleisch der unterschiedlichen Haustiere wurde für unseren Zeitraum noch auf verschiedenen Märkten verkauft, nicht nur vor den Graden. Schwein, Rind, Esel, Ziege und Schaf dürften von den Fleischhauern am meisten angeboten worden sein. „Kleines Wildbret", wie man Hasen, Fasane und Rebhühner nannte, war sehr beliebt und musste frisch auf den Markt gebracht werden. Grosses Wildbret wie Hirsch, Bär, Reh und Wildschwein waren zu bestimmten Jahreszeiten ebenfalls im Angebot. Auch eine Art Freibank für ärmere Bürger hat es gegeben. Dieses als „fynnichten fleisch" bezeichnete offensichtlich schon leicht verdorbene Fleisch durfte nur beim Judenhause verkauft werden. Zu dem minderwertigen Fleisch rechnete man auch jene Tiere, die mit Leinenkuchen gemästet worden waren. Zu den damals ebenfalls verkauften Fleischsorten gehörten kleine Vögel. Für sie galt, dass man sie ohne Kopf zum Markt bringen musste.

Mehr noch als Fleisch war wegen der zahlreichen Fasttage Fisch gefragt, der aber nicht lebend angepriesen werden durfte. Aale, Hechte, Karpfen und alle Arten von Kleinfischen wurden feilgeboten. Besonderer Beliebtheit erfreuten sich bei der ärmeren Bevölkerung die Fische aus der „Tunne", womit Salzheringe gemeint waren. Diese kamen vor allem aus Lübeck. Neben ihnen waren Trockenfisch (Klipp- und Stockfisch) sehr gefragt. Beide Sorten waren auch für weniger Betuchte erschwinglich. Neben Fleisch und Fisch wurden auf einem Käsemarkt Molkereiprodukte offeriert.

Natürlich wurde auch Gemüse verkauft. Bohnen gehörten zu den Grundnahrungsmitteln. Besonderer Beliebtheit scheint sich in Erfurt Lauchgemüse erfreut zu haben.

Die Stadt hatte hinsichtlich der jungen Leute einige Probleme, wie sich aus Gesetzen erschließen läßt. So kam es wohl häufiger vor, dass sich Kinder ohne den Willen ihrer Eltern verehelichen wollten. Vor allem junge Frauen wurden verführt und zur Ehe überredet, glaubte man. So wurde festgelegt, dass das ohne die Zustimmung der Eltern verehelichte Kind des väterlichen Erbes verlustig ging. Im Fall des verführenden jungen Mannes wurde angedroht, ihn aus der Stadt auszuweisen, ohne die Möglichkeit der Rückkehr.

Zu finanziellen Verlusten des Gemeinwesens konnte eine weitere Problematik aus diesem Bereich führen. Zu allen Zeiten waren Hochzeiten grosse Feste, die entsprechend begangen wurden. Dabei wurde keineswegs immer die notwendige Vorsicht bei der Planung des Festes an den Tag gelegt. Nicht selten verschuldeten sich die Eheleute oder die Eltern der Eheleute so, dass sie die Schulden Zeit ihres Lebens nicht tilgen konnten und der Stadt zur Last fielen. Um wenigstens einigermaßen vorzubeugen, setzte die Stadt dort an, wo man eine Kontrolle zu haben glaubte, bei den Hochzeitgästen. Da aber auch diese schwer zu kontrollieren waren, griff man auf die sicherste Methode zurück, man zählte die Gedecke. Und da man festgelegt hatte: „Man soll zu Hochzeiten nicht mehr als 32 Schüsseln haben", also nicht mehr als 32 Gäste einladen, wähnte man, das Problem einigermaßen in den Griff zu bekommen.

Erfurt zur Zeit Meister Eckharts

Streiflichter einer Epoche, die ganz anders als die heutige ist, wurden aufgezeigt. Manchmal scheint es, als ähnelten sich Verhältnisse und Abläufe, Situationen und Menschen. Es mag stimmen, dass Verhaltensmuster der damaligen Bewohner Erfurts sehr vertraut vorkommen, die Sorgen um die Existenz ähnlich sind. Dennoch, es war eine andere Zeit. In dieser „sakralen Gemeinschaft" Stadt mögen sehr weltliche und immanente Interessen im Vordergrund gestanden haben. Das sollte aber nicht darüber hinwegtäuschen, dass sich mittelalterliche Städte auch als Instrumente verstanden, Menschen zu helfen, in den Himmel zu kommen, wie es damaliger Sprachgebrauch war. Meister Eckhart wollte nichts anderes, auch wenn er es anders und theologisch reflektierter formulierte. In Erfurt fand er deshalb nicht nur Zeitgenossen, sondern Geistesverwandte. Hier fand er die Zuhörerschaft, die er verstehen konnte und die offensichtlich auch ihn verstand.

Quellen- und Literatur:

Annales Erphordenses fratrum Praedicatorum. In: Monumenta Erphesfurtensia saec. XII. XIII. XIV. ed. O. HOLDER-EGGER (= MGH.SRG; 1899).

BERGER, T., Die Bettelorden in der Erzdiözese Mainz und in den Diözesen Speyer und Worms im 13. Jahrhundert. (= Quellen und Abhandlungen zur mittelrheinischen Kirchengeschichte 69; 1995).

BERTRAM, M.P., Der Erfurter Kaland. Ein Beitrag zur Charakteristik der Pfarrgeistlichkeit und des kirchlichen Kultes der Stadt im 14./15. Jahrhundert. In: Mitteilungen des Vereins für die Geschichte und Altertumskunde von Erfurt 27 (1906) S. 51–68. Anhang: Erfurter Kalandsstatut. In: Ebd., S. 68–72.

BEYER, C., Die Entstehung und Entwicklung des Rates der Stadt Erfurt im Mittelalter; 1892.

BEYER, C. und J. BIEREYE, Geschichte der Stadt Erfurt von den ältesten Zeiten bis auf die neueste Zeit 1: Bis zum Jahre 1664; 1935.

BRODKORB, C., Nikolaus Engelmann (gest. 1534) - erzbischöflicher Küchenmeister im Erfurt der Reformationszeit; theol. Diplomarbeit am Philosophisch-Theologischen Studium Erfurt; (masch.) 1991.

Cronica Minor Minoritae Erphordensis ab Urbe cond. – 1261. In: Monumenta Erphesfurtensia saec. XII. XIII. XIV. ed. o. HOLDER-EGGER (= MGH.SRG; 1899).

Chronica S. Petri Erfordensis moderna a. 1072-1335. In: Monumenta Erphesfurtensia saec. XII. XIII. XIV. ed. O. HOLDER-EGGER (= MGH.SRG; 1899).

Die Chronik des Hartung Cammermeister, bearb. von R. REICHE (= Geschichtsquellen der Provinz Sachsen und angrenzender Gebiete, hg. v. der Hist. Kommission der Provinz Sachsen 35; 1896).

Die Statuten der Stadt Erfurt: Landesbibliothek Coburg Ms. Cas. 34, 39, Bl. 134^{r}-147^{r}.

Die Gesetze der Stadt Erfurt: Landesbibliothek Coburg Ms. Cas. 34, 40, Bl. 147^{r}-160^{r}.

Der 'Occultus Erfordensis' des Nicolaus von Bibra. Hg. von C. MUNDHENK (= Schriften des Vereins für die Geschichte und Altertumskunde von Erfurt III; 1997).

DOBENECKER, O., Regesta diplomatica necnon epistolaria historiae Thuringiae 1–4; 1896–1935

DOMINIKUS, M.J., Erfurt und das Erfurtische Gebiet. Nach geographischen, physischen, statistischen, politischen und geschichtlichen Verhältnissen 1–2; 1793.

ENGELHUS, D., Cronicae Erfordienses Engelhusianae. In: Monumenta Erphesfurtensia saec. XII.–XIII. XIV., ed. O. Holder-Egger (= MGH.SRG; 1899), 789–806.

FALCKENSTEIN, J.H. v., Civitatis Erffurtensis Historia Critica et Diplomatica; 1739. FELDKAMM, J., Geschichtliche Nachrichten über die Erfurter Weihbischöfe. In: Mitteilungen des Vereins für die Geschichte und Alterthumskunde von Erfurt 21 (1900) S. 1–93.

FELKEL, G.; Das Erfurter Predigerkloster im 13. Jahrhundert; wissenschaftliche Hausarbeit im Fach Geschichte an der Friedrich Schiller Universität Jena (masch.) 1997.

FRANK, B., Das Erfurter Peterskloster im 15. Jahrhundert. Studien zur Geschichte der Klosterreform und der Bursfelder Union (= StGS 11; 1973).

GERBING, L., Erfurter Handel und Handelsstrassen. In: Mitteilungen des Vereins für die Geschichte und Alterthumskunde von Erfurt 21 (1900) S. 97–120.

HANNAPPEL, M., Das Gebiet des Archidiakonates Beatae Mariae Virginis in Erfurt am Ausgang des Mittelalters. Ein Beitrag zur Kirchlichen Topographie Thüringens (= Arbeiten zur Landes- und Volksforschung 10; 1941).

HELBIG, H., Wirtschaft und Gesellschaft im Mittelalter. In: Geschichte Thüringens 2/2: Hohes und spätes Mittelalter, hg. von H. Patze und W. Schlesinger; 1973, S. 13–49. HERRMANN, R., Thüringische Kirchengeschichte 1; 1937.

KERN, U., Das besondere Profil des Mystikers Meister Eckhart. In: Erfurt 742–1992. Stadtgeschichte – Universitätsgeschichte, hg. von U. Weiss; 1992, S. 87–95.

KIRCHHOFF, A., Die ältesten Weisthümer der Stadt Erfurt über ihre Stellung zum Erzstift Mainz; 1870.

KIRCHHOFF, A., Erfurt im dreizehnten Jahrhundert; 1870.

KLAPPER, J., Der Erfurter Kartäuser Johannes Hagen. Ein Reformtheologe des 15. Jahrhunderts, 1: Leben und Werk; 2: Verzeichnis seiner Schriften mit Auszügen (= EThSt 9-10; 1960–1962).

KLAPPER, J., Die Blutkapelle im Erfurter Dom. In: Miscellanea Erfordiana (= EThSt 12; 1962), S. 272–290.

KLAPPER, J., Die Kirche zum heiligen Brunnen (Ecclesia Sacri Fontis) in Erfurt (= EThS 2; 1957).

KLEINEIDAM, E., Die Gründungsurkunde Papst Urbans VI. für die Universität Erfurt vom 4. Mai 1389. In: Erfurt 742–1992. Stadtgeschichte – Universitätsgeschichte, hg. von U. Weiss; 1992, S. 135–153.

KLEINEIDAM, E., Geschichte der Wissenschaft im mittelalterlichen Erfurt. In: Geschichte Thüringens 2/2: Hohes und spätes Mittelalter, hg. von H. Patze und W. Schlesinger; 1973, S. 150-187 u. 337–346.

KLEINEIDAM, E, Universitas Studii Erffordensis. Überblick über die Geschichte der Universität Erfurt 1: Spätmittelalter 1392–1460 (= EThSt 14; ^{2}1985).

KOCH, F.A., Die Erfurter Weihbischöfe. Ein Beitrag zur thüringischen Kirchengeschichte. In: ZVThG 6 (1865) S. 31–126.

KURT, J., Die Geschichte der Kartause Erfurt Montis sancti salvatoris 1372–1803 (= ACar 32; 1989).

LORENZ, S., Studium generale Erfordense. Zum Erfurter Schulleben im 13. und 14. Jahrhundert (=Monographien zur Geschichte des Mittelalters 34; 1989).

MÄGDEFRAU, W., Erfurt in der Geschichte Thüringens. In: Erfurt 742–1992. Stadtgeschichte Universitätsgeschichte, hg. von U. Weiss; 1992, S. 21–37.

MAI, o.A., Die evangelischen Kirchen in Erfurt; 1983.

MAY, G., Die geistliche Gerichtsbarkeit des Erzbischofs von Mainz im Thüringen des späten Mittelalters. Das Generalgericht zu Erfurt (= EThSt 2; 1955).

MAY, G., Geistliche Ämter und kirchliche Strukturen. In: G. Christ und G. May, Erzstift und Erzbistum Mainz. Territoriale und kirchliche Strukturen (= Handbuch der Mainzer Kirchengeschichte 2, hg. von F. Jürgensmeier; BMKG 6/2; 1997), S. 447–592.

MEISNER, J., Das Auditorium Coelicum am Dom zu Erfurt. Ein Beitrag zur Universitätsgeschichte (= EThS 6; 1962).

MÖLLER, B., Reichsstadt und Reformation; 1987

MÜLVERSTEDT, G.A. v., Hierographica Erfordensis oder Übersicht der in der Stadt Erfurt und deren Gebiete früher und noch jetzt bestehende Stifter, Klöster, Capellen, Hospitäler und fromme Bruderschaften, sowie denjenigen Kirchen, deren Schutzheilige bekannt geworden sind (= Mitteilungen des Vereins für die Geschichte und Alterthumskunde von Erfurt 3; 1867).

NEUBAUER, Th., Zur Geschichte der mittelalterlichen Stadt Erfurt. In: Mitteilungen des Vereins für die Geschichte und Altertumskunde von Erfurt 35 (1914) S. 1–95.

Nicolai de Bibera Occulti Erfordensis Carmen satiricum, hg. v. T. FISCHER (= Geschichtsquellen der Provinz Sachsen und angrenzender Gebiete 1: Erfurter Denkmäler; 1870).

OVERMANN, A., Die Predigerkirche; 1928.

PATZE, H., Politische Geschichte im hohen und späten Mittelalter. In: Geschichte Thüringens 2/l: Hohes und spätes Mittelalter, hg. von H. Patze und W. Schlesinger; 1974, S. 1–214.

PILVOUSEK, J., Die Prälaten des Kollegiatstiftes St. Marien in Erfurt von 1400–1555 (= EThSt 55; 1988).

PILVOUSEK, J., Erfurt im Spätmittelalter (1305–1484). In: Christliche Antike und Mittelalter (= Handbuch der Mainzer Kirchengeschichte 1,1 hg. von F. Jürgensmeier; BMKG 6/1; 2000), S. 555–568.

SCHMIDT, A., Die Kanzlei der Stadt Erfurt bis zum Jahre 1500. In: Mitteilungen des Vereins für die Geschichte und Altertumskunde von Erfurt 41/42 (1921) S. 1–88.

SCHNEIDER F., Die Quellen zur Liturgie der Erfurter Stiftskirche St. Marien (Erfurter Dom); theol. Lizentiatsarbeit am Philosophisch-Theologischen Studium Erfurt; (masch.) 1965.

SCHULZE, H.K., Die Kirche im Hoch- und Spätmittelalter. In: Geschichte Thüringens 2/2: Hohes und spätes Mittelalter, hg. von H. Patze und W. Schlesinger; 1973, S. 50–149. SONNTAG, F.P., Das Kollegiatstift St. Marien zu Erfurt von 1117–1400 (= EThSt 13; 1962).

SPRINGER, K.B., Die deutschen Dominikaner in Widerstand und Anpassung während der Reformationszeit (=Quellen und Forschungen zur Geschichte des Dominikanerordens NF 8; 1999).

STOLLE, C., Memoriale, thüringisch-erfurtische Chronik, bearb. von R. Thiele (=Geschichtsquellen der Provinz Sachsen und angrenzender Gebiete 39; 1900).

STURLESE, L., Einleitung zu Acta Echardiana. In: Meister Eckhart. Lateinische Werke 5; 1988, Liefg. 3–4, S. 155f.

Urkundenbuch der Erfurter Stifter und Klöster 1: (706–1330), hg. von A. OVERMANN (=Geschichtsquellen der Provinz Sachsen und des Freistaates Anhalt, Neue Reihe 5; 1926). 2: Die Urkunden der Stifter St. Marien und St. Severi (1331–1400), hg. von A. OVERMANN (= Geschichtsquellen der Provinz Sachsen und des Freistaates Anhalt, Neue Reihe 7; 1929).

Urkundenbuch der Stadt Erfurt 1–2, bearb. von C. BEYER (= Geschichtsquellen der Provinz Sachsen und angrenzender Gebiete 23–24; 1889–1897).

WIEMANN, E., Beiträge zur Erfurter Ratsverwaltung des Mittelalters, 1: Rat und städtische Einwohnerschaft; 2: Die städtische Handels- und Gewerbeverwaltung. In: Mitteilungen des Vereins für die Geschichte und Altertumskunde von Erfurt 51 (1937) S. 37–152; 52 (1938) S. 1–103.

WIEMANN, E., Erfurt. Werden und Wesen der Stadt. In: Einheit in Vielfalt. Festgabe für Hugo Aufderbeck (= EThSt 32, 1974), S. 9–22.

Paris : August 2003 : Notre Dame ... Pont des Artes ... Concergerie ... Boulevard St. Michel ... Rue St. Jacques

dich niemand hindern, deinen Gott gegenwärtig zu haben. Wem aber Gott nicht so wahrhaft innewohnt, sondern wer Gott beständig von

Paris : August 2003 : Notre Dame

Vom Baccalaureus zum Magister

Unklar ist, ob Eckhart bereits am Pariser Generalstudium studiert hat, bevor er dort 1293/94 als Sentenzenlektor ein erstes Lehramt ausübte. 1302 berief die Ordensleitung Eckhart auf den Pariser Lehrstuhl des Dominikanerordens der von Nichtfranzosen besetzt werden durfte und den bereits Albertus Magnus und Thomas von Aquin inne hatten. Als Magister hatte Eckhart Vorlesungen zur Heiligen Schrift zu halten, Disputationen zu leiten und über die Texte der Schrift zu predigen. Aus dieser Lehrtätigkeit gingen die „Quaestiones parisienses“ hervor, in denen Eckhart wissenschaftliche Streitfragen entwickelte und löste.

1311 berief die Ordensleitung Eckhart erneut auf den Pariser Lehrstuhl, obwohl er kurz zuvor zum Provinzial der Teutonia gewählt worden war. Dass der Orden den wichtigen Lehrstuhl ein zweites Mal mit ihm besetzte, zeugt von der Hochschätzung seiner akademischen Fähigkeiten und der Ausnahmestellung die er zu Lebzeiten im Orden inne hatte. Nur Thomas von Aquin, dessen theologisches System im Jahr 1309 zur Ordensdoktrin ernannt wurde, war zuvor zweimal berufen worden. Eckharts neuerlicher Aufenthalt in Paris dauerte vermutlich bis 1313. In dieser Zeit arbeitete er wohl vor allem an den Bibelkommentaren seines unvollendet gebliebenen Hauptwerks, des „Opus tripartitum“.

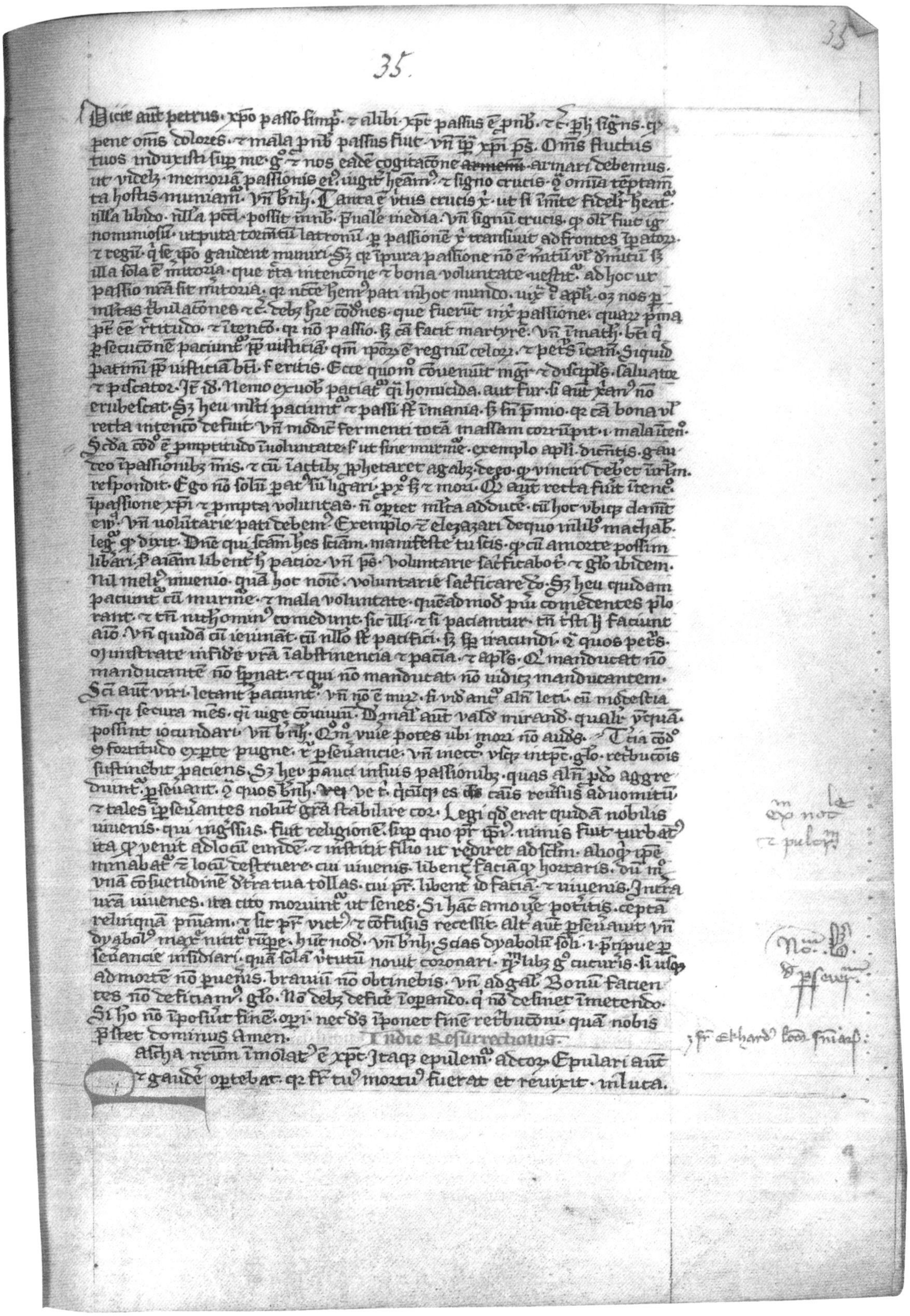

Der 18. April 1294 gilt als das früheste gesicherte Lebensdatum Eckharts. An diesem Ostersonntag predigte er im Pariser Dominikanerkonvent „St. Jacques". Das erste Zeugnis der Vita Eckharts befindet sich in einer Sammlung Pariser Predigten des Schuljahres 1293/94, in der die Osterpredigt dem „frater Ekhardus, lektor sententiarium" zugeordnet wird.

Meister Eckhart: Predigt „Pascha nostrum", Paris, 18. April 1294. Pergamenthandschrift, Kremsmünster, zwischen 1294 und 1298, Kremsmünster, Stift, Cod. 83, f. 35r.

Stätten, der hat Gott nicht. Und es mag leicht etwas geben, was einen solchen Menschen behindert, denn er hat Gott nicht, und er sucht

Paris : August 2003 : Musée de Cluny, ehemaliger Standord des Dominikanerklosters „St. Jacques" ... Sainte Juliet le Pauvre ... Sainte Severin ... Modernes Dominikanerkloster „Sainte Jacques"

Dominikanische Gelehrsamkeit

Die akademische Bildung nahm im Orden einen breiten Raum ein. Die Predigttätigkeit seiner Mitglieder gründete sich auf ein Studium, dessen Verlauf und Bedingungen die Ordenskonstitutionen regelten und das idealer Weise lebenslang fortgesetzt werden sollte. Die große Bedeutung, die der Priesterausbildung im Orden zukam, unterschied diesen von allen herkömmlichen Ordensgemeinschaften und seine Prediger von den meist nur schlecht ausgebildeten Pfarrern.

Der Lektor, der mindestens vier Jahre Theologie studiert haben musste, war neben dem Prior das wichtigste Mitglied eines jeden Konventes. An den Vorlesungen und Disputationen sollten nicht nur die Studenten, sondern auch alle anderen Konventsmitglieder teilnehmen. In jedem Kloster des Ordens gab es eine wissenschaftliche Bibliothek. Außerdem war es den Studenten, Predigern und Lektoren erlaubt, zum Zweck des Studiums eine eigene Büchersammlung zu besitzen. In ausgewählten Konventen wurden Partikularstudien eingerichtet, an denen die neu eingetretenen Brüder einer Ordensprovinz studierten. Die Begabtesten setzten ihr Studium an den Generalstudien fort.

Schon 1216 waren einige Brüder nach Paris gegangen, um an der 1200 entstandenen Universität das Studium aufzunehmen. In der Nähe der Universität gründeten die Brüder den Konvent „St. Jacques" und etablierten an diesem das erste und bedeutendste Generalstudium des Ordens. Bald verdankte die theologische Fakultät der Pariser Universität, die als die bedeutendste des mittelalterlichen Abendlandes galt, ihren Ruf zu einem Gutteil den dort unterrichtenden Predigerbrüdern. Sie leisteten einen großen Beitrag zur Entwicklung der Scholastik, der an den Universitäten des Mittelalters üblichen Wissenschaftsmethode und zur scholastischen Theologie, die versuchte mit Hilfe der Philosophie die christliche Offenbarung zu erfassen und zusammenzufassen.

Im Schuljahr 1293/94 las Eckhart in Paris die Sentenzen des Petrus Lombardus. Zwischen dem 14. September und dem 9. Oktober 1293 hielt er die „Collatio in libros Sententiarum", mit der die Vorlesungsreihe feierlich eröffnet wurde.

Meister Eckhart: „Collatio in libros Sententiarum", Paris, September oder Oktober 1293. Pergamenthandschrift, 14. Jahrhundert, Erfurt, Universitäts- und Forschungsbibliothek, Ca 2° 321, 93r.

Die Suche nach dem inneren Menschen. Eine Hinführung zu Meister Eckhart

Andreas Speer

1. homo doctus – homo sanctus

Wer ist Meister Eckhart? Ein „homo doctus" – gewiß. Zweifellos muß man Eckhart von Hochheim zu den bedeutendsten intellektuellen Figuren seiner Zeit rechnen. So wurde er auch wahrgenommen. Nicht ohne Grund hat ihn sein Orden für eine zweite Amtszeit auf dem Lehrstuhl der Dominikaner an der Theologischen Fakultät der Universität Paris nominiert – eine ganz ungewöhnliche Auszeichnung, die vor ihm nur seinem großen Ordensbruder Thomas von Aquin zuteilgeworden war. Und auch als Prediger genoß er ein überragendes Ansehen, trotz oder gerade weil er seinem Publikum in diesen Predigten viel abverlangte. Dies gilt auch für seine übrigen Schriften, die Traktate und Bibelkommentare, die er erklärtermaßen für einen „studiosus lector" verfaßt hat, für einen eifrigen Leser also, der gewillt und in der Lage ist, den vielschichtigen Verweisungszusammenhängen dieser Schriften nachzugehen. Doch ist Eckhart auch ein „homo sanctus"? Dagegen steht zunächst einmal formal die Tatsache des Häresieprozesses, der, obgleich inzwischen auch hinsichtlich seiner Hintergründe umfassend aufgearbeitet, dennoch dazu geführt hat, daß Eckhart für lange Zeit selbst in seinem Orden eine nur im Verborgenen gedeihende Verehrung genoß – erst Nikolaus von Kues konnte sich wieder öffentlich zu Meister Eckhart und zu seinen Werken bekennen –, obwohl er bereits im Jahre 1310 im Dominikanerorden als „sanctus" bezeichnet worden war. Auch der päpstliche Generalprokurator des Dominikanerordens Gerhard von Podahn stellt noch zu Beginn der Anklageerhebung fest, daß „niemand, der Eckharts Leben kenne, an seinem Glauben und an der Heiligmäßigkeit (sanctitas) seiner Lebensführung zweifeln könne".

Für Eckhart selbst wäre die Verbindung von Gelehrsamkeit und heiligmäßiger Lebensführung sicherlich kein Widerspruch, ja, im Grunde gehören für ihn beide Aspekte innerlich zusammen wie die beiden Seiten eine Münze. Allerdings hätte er sich wohl gegen das Prädikat der Heiligkeit zur Wehr gesetzt, das er allein Gott zugesteht. Allenfalls der Heiligkeit nachstreben kann der Mensch – doch kann er sie erlangen? Und vor allem, kann er dies von sich aus, gewissermaßen aus eigener Kraft? Nur einmal, in seinem Kommentar zum Johannesevangelium, spricht Eckhart selbst von einem göttlichen und heiligen Menschen: Dieser verhalte sich rein passiv und empfange jede Gabe Gottes, indem er vollkommen „bloß" sei (In Ioh., n. 397, LW III, S. 338) – ein sonderbares, nur schwer verständliches Wort, und dennoch führt es mitten hinein in das Zentrum seiner Lehre.

2. Abgeschiedenheit und Glück

Bereits in den „Reden der Unterweisung" aus seiner Zeit als Prior des Erfurter Dominikanerklosters erläutert Eckhart die Gehorsamsregel als ein Herausgehen aus dem eigenen Ich, als ein „sich des Seinen Entschlagen", damit Gott notgedrungen (von nôt) eintreten muß. In der Entäußerung des eigenen Willens muß Gott an meiner Statt wollen; anderfalls versäumt er etwas für sich. „Darin, wo ich von meinem Ich lasse, da muß er [Gott] für mich notwendig alles das wollen, was er für sich selber will, nicht weniger noch mehr, und in derselben Weise, mit der er für sich will. Und täte Gott das nicht, – bei der Wahrheit, die Gott ist, so wäre Gott nicht gerecht, noch wäre er Gott, was [doch] sein natürliches Sein ist" (RdU, n. 1, DW V, S. 187f.). Eine ungeheure Aussage!

Hierbei handelt es sich ersichtlich nicht um Anweisungen zur Frömmigkeit – weder für Klosterbrüder noch für solche, die meinen, Gott vorzüglich in der Kirche finden zu können. „Mit wem es recht steht", so Eckhart, „wahrlich, dem ist's an allen Stätten und unter allen Leuten recht." Der hat Gott in Wahrheit bei sich, und zwar „an allen Stätten und auf der Straße und bei allen Leuten ebensogut wie in der Kirche oder in der Einöde oder in der Zelle" (RdU, n. 6, DW V, S. 201). So nimmt es nicht Wunder, daß Eckhart die geschäftige Martha der kontemplativen Maria vorzieht, denn diese „stand in gereifter, wohlbefestigter Tugend und in einem freien Gemüt, ungehindert von allen Dingen", das heißt wesentlich (Pr. 86, DW III, S. 489). „Abgeschiedenheit" nennt Eckhart diese einzigartige Weise des wahrhaften Habens Gottes. Hierbei geht es ihm nicht um einen gedachten Gott, denn der Gedanke vergeht und mit ihm Gott; vielmehr geht es um einen wesenhaften Gott, der weit erhaben ist über die Gedanken des Menschen und aller Kreatur, und der nicht vergeht, es sei denn der Mensch wende sich willentlich von ihm ab (RdU, n. 6, DW V, S. 205).

Es ist deutlich: Nicht um eine kurzschlüssige lebensweltliche Anwendung im Sinne einer optimierten Lebensführung oder gesteigerten individuellen Wohlbefindens, für die Eckhart heute so oft herhalten muß, geht es hier, sondern buchstäblich um den Ernstfall der menschlichen Existenz, um die wahre Erfüllung unseres Strebens und unserer Sehnsüchte, kurz: um das Glück des Menschen. Dieses ist etwas Göttliches für den Menschen und betrifft dennoch zugleich sein Innerstes. Sonst wäre es nicht das Glück des Menschen. Diese Erfüllung unseres Strebens nach Glück denkt Eckhart nicht nur als Gottesschau, sondern radikaler noch als Vereinigung mit Gott, als eine Vereinigung, die nicht erst nach dem Tod in einem künftigen Leben, sondern schon in diesem

Denn das Hindernis liegt in ihm, weil Gott in ihm noch nicht alle Dinge geworden ist. Denn wäre dies so bei ihm, so wäre ihm an allen

In einem großangelegten dreiteiligen Werk beabsichtigte Eckhart, sein philosophisches und theologisches Denken zusammenzufassen. Diese Absicht erläuterte er ausführlich im „Prologus generalis“. Ausgeführt hat er jedoch nur die Kommentare zur „Genesis“ und zum „Buch der Weisheit“ sowie die Auslegungen zum „Exodus“ und zum „Johannesevangelium“.

Meister Eckhart: „Prologus generalis in opus tripartitum“. Pergamenthandschrift, 14. Jahrhundert, Stadtbibliothek Trier, Hs 72/1056 8°, f. 3v/4r.

Leben möglich ist. In eben diesem Sinne ist Eckhart Mystiker, steht er in der langen Tradition christlicher Mystik, die wiederum Motive des Neuplatonismus aufgreift und christlich zu überbieten trachtet. Augustinus und Dionysius Areopagita sind ihm hier die Gewährsleute: der Meister der Lehre vom Seelengrund und der Meister der mystischen Theologie ebenso wie die monastische spekulative Mystik des 12. Jahrhunderts, die in der Nachfolge der Patristik eine praktische Metaphysik zu sein beansprucht, der es nicht nur um einen theoretischen Diskurs, sondern um die Existenz des Menschen selbst geht, um die ethische Dimension eines solchen Wissens. Beides bildet für Eckhart von Anfang an eine untrennbare Einheit.

3. Einheitsdenken

In seiner Pariser Universitätspredigt zum Augustinusfest aus dem Jahr 1302 oder 1303 findet sich bereits ein bedeutsamer Hinweis auf diese enge Verbindung von Ethik und Theologie als der höchsten der theoretischen Wissenschaften. Denn der Ethiker bzw. Theologe betrachtet „tiefer schauend die Ideen der Dinge, die im göttlichen Geiste, bevor sie in die Körperwelt hinausgingen, von Ewigkeit her in der intelligiblen Form bestanden“ (Sermo, n. 2, LW V, S. 90). Ein „schmeckendes Wissen“ nennt Eckhart dies oder mit einem anderen Wort – gemäß der zugrundeliegenden Etymologie – „Weisheit“. Diese seit der Antike als höchste Form des Wissens bezeichnete Weisheit begreift Eckhart in einem ursprünglichen Sinne, sofern sie die Vollendung des Menschen artikuliert: Hierin stimmen biblische und philosophische Wahrheit, Evangelium und Metaphysik überein. Denn „aus einer Quelle und einer Wurzel der Wahrheit geht alles hervor, was wahr ist, sei es im Sein, sei es in der Schrift und in der Natur“, so lesen wir im Johanneskommentar. „Demgemäß wird also die Hl. Schrift sehr angemessen so erklärt, daß mit ihr übereinstimmt, was die Philosophen über die Natur der Dinge und ihre Eigenschaften geschrieben haben“ (In Ioh., n. 185, LW III, S. 154f.).

Die oftmals erbittert geführten zeitgenössischen Debatten zwischen Theologen und Philosophen um den Weisheitsprimat scheint Eckhart dagegen zu ignorieren. Ihnen stellt er sein Konsonanzmodell gegenüber. Im „Opus tripartitum", das neuerdings in die Zeit seines Erfurter Provinzialats datiert wird, holt er zu einem kühnen Gegenentwurf aus. Auf einmalige und unvergleichliche Weise verbindet Eckhart in den drei Teilen seines Torso gebliebenen systematischen Großprojektes, das Kurt Ruh als Grundriß einer christlichen Metaphysik bezeichnet hat, Axiomatik, scholastische Disputation und Exegese dergestalt miteinander, daß die Lösungen der Quästionen und die Schriftauslegungen auf den zugrundeliegenden Thesen beruhen, in denen Eckhart über die Grenzen von Theologie und Philosophie hinweg seine leitende Intuition einer zugrundeliegenden Konvergenz und Einheit zum Ausdruck bringt. Einen Einheitsdenker hat man daher Eckhart genannt.

Wenngleich auch das Sein der allgemeinste Begriff ist, der immer miterfaßt ist, wenn wir etwas erkennen und denken, so betrachtet Eckhart das Sein doch zugleich stets im Einen, dem Ursprung aller Mannigfaltigkeit, und somit als göttliches Sein. Denn das Eine, das ist Gott. Deshalb habe Christus zu Martha gesagt: „Eines tut not" – unum est necessarium (Lk 10, 42). Für Eckhart enthält dieser Satz eine fundamentale Aussage, die sein ganzes Wirklichkeitsverständnis betrifft. „Dies Eine tut allen Kreaturen not, denn, zöge Gott das Seine an sich", d.h. überließe er die Schöpfung sich selbst, „alle Kreaturen würden zu nichts" (Pr. 86, DW III, S. 489). Eben dies zu erkennen, heißt alles Geschaffene für nichts zu halten, heißt zu erkennen, daß getrennt vom göttlichen Sein alles nichts ist (In Sap., n. 91, LW II, S. 424). „Wer sich also vom Einen entfernt", so lautet Eckharts Konsequenz, „fällt ab vom Wahren, fällt ab vom Guten, fällt ab von Gott" (In. Ioh., n. 114, LW III, S. 99). Diese Einsicht ist Weisheit im oben skizzierten Sinn, denn diese im höchsten Maß spekulative metaphysische Einsicht hat existentielle Konsequenzen.

4. homo nobilis: der innere Mensch

Nicht nach draußen solle man daher gehen, so wendet sich Meister Eckhart mit Augustinus an seine Zuhörer und Leser, sondern bei sich selbst einkehren. Denn dort, im Grund der Seele, leuchtet das unauslöschliche göttliche Licht, die ungeschaffene Weisheit (In Sap., n. 95, LW II, S. 429). In diesen Grund muß man einkehren und sich von allem Geschaffenen abscheiden (In Sap., n. 88, LW II, S. 421). Eckhart geht es um den inneren Menschen, der in sich selbst losgelöst ist von allen Stoffen und Formen, von allen äußeren und inneren Vorstellungen und Bildern, mittels derer er gewöhnlich mit seiner Vernunft begreift. „Je mehr er losgelöst ist von allen Dingen und in sich selbst gekehrt, je mehr er alle Dinge klar mit seiner Vernunft in sich selbst erkennt, ohne Hinwendung nach außen, um so mehr ist er ein Mensch" – so bestimmt Eckhart den „edlen Menschen" – und um so einfaltiger erkennt er, der homo nobilis, „alle Mannigfaltigkeit in sich selbst und bleibt er unwandelbar in sich selbst" (Pr. 15, DW I, S. 250).

Eckhart beschreibt diesen Vorgang als Selbsterkenntnis, die mit der Wendung nach innen beginnt und in dessen Verlauf der Mensch sich schließlich selbst übersteigt, indem er in die Selbsterkenntnis Gottes eingeht, der allein sich selbst in sich selbst erkennt (Pr. 15, DW I, S. 252). Den Weg zu dieser Erkenntnis denkt Eckhart aber nicht als einen auf Optimierung und Vervollkommnung der eigenen Erkenntnisvermögen und Erkenntniskräfte basierenden Aufstieg, vielmehr als einen Abstieg in die Demut, als ein Lassen vom Eigenwillen, als ein Lassen von sich selbst, ja letztlich auch von jeglichem Lassen (RdU 3, DW V, S. 192–194). Wahre Selbsterkenntnis führt also über den Selbstverlust, über den Verlust aller erkenntnisvermittelnden Bilder und Vorstellungen. Denn wahre Selbsterkenntnis ist unmittelbar. Befreit von den Erkenntnisbildern erkennt der Mensch sich so, wie er von Gott erkannt wird, erkennt er schließlich Gott selbst und sich, insofern er Bild Gottes ist. Diese Gotteserkenntnis ist weder diskursiv noch reflexiv; sie überschreitet somit die natürlichen Bedingungen menschlichen Erkennens und geschieht durch einen Akt gnadenhafter Überformung, für den der Mensch sich bereiten soll: nicht durch die Flucht vor den Dingen in eine äußerliche Einsamkeit; vielmehr muß der Mensch „eine innere Einsamkeit lernen, wo und bei wem er auch sei. Er muß lernen, die Dinge zu durchbrechen und seinen Gott darin zu ergreifen und den [ihn] kraftvoll in seiner wesenhaften Weise in sich hineinbilden zu können" (RdU 6, DW V, S. 207). Darin besteht die wahre Abgeschiedenheit.

Erst durch diese gnadenhafte Überformung kann sich ein Wissen um die Gotteserfahrung herausbilden, das dem Menschen als Wissen auch in seiner Verwirklichung naturhaft zukommt, insofern er Vernunft besitzt. Daher erstrebt Eckhart in seinem Denken eine umfassende Gotteserkenntnis. Sie bedeutet die Rückführung der Seele und mit ihr aller Geschöpfe zur Einheit des schöpferischen Ursprungs. Denn sofern der Mensch als Gottes Abbild geschaffen ist, ist er nach dem Einen geschaffen, und daher findet er seine beseligende Vollendung nur in der Ruckkehr zu diesem Einen (In Ioh, n. 549, LW III, S. 479f.). Daraus erwächst dem Menschen zugleich ein Maß seines Handelns. Denn damit sich nichts Weltliches und Geschaffenes in ihm gebäre, müsse sich der Mensch überall und in allem einförmig verhalten. Das Gegenbild ist der Mensch, der sich im Vielerlei der wandelbaren Vorstellungen und flüchtigen Wünsche verliert. Je mehr der Mensch hingegen das Vielerlei meidet und das Eine erstrebt, um so vollkommener und gottförmiger wird er (In Ioh., nn. 111–113, LW III, S. 95–98).

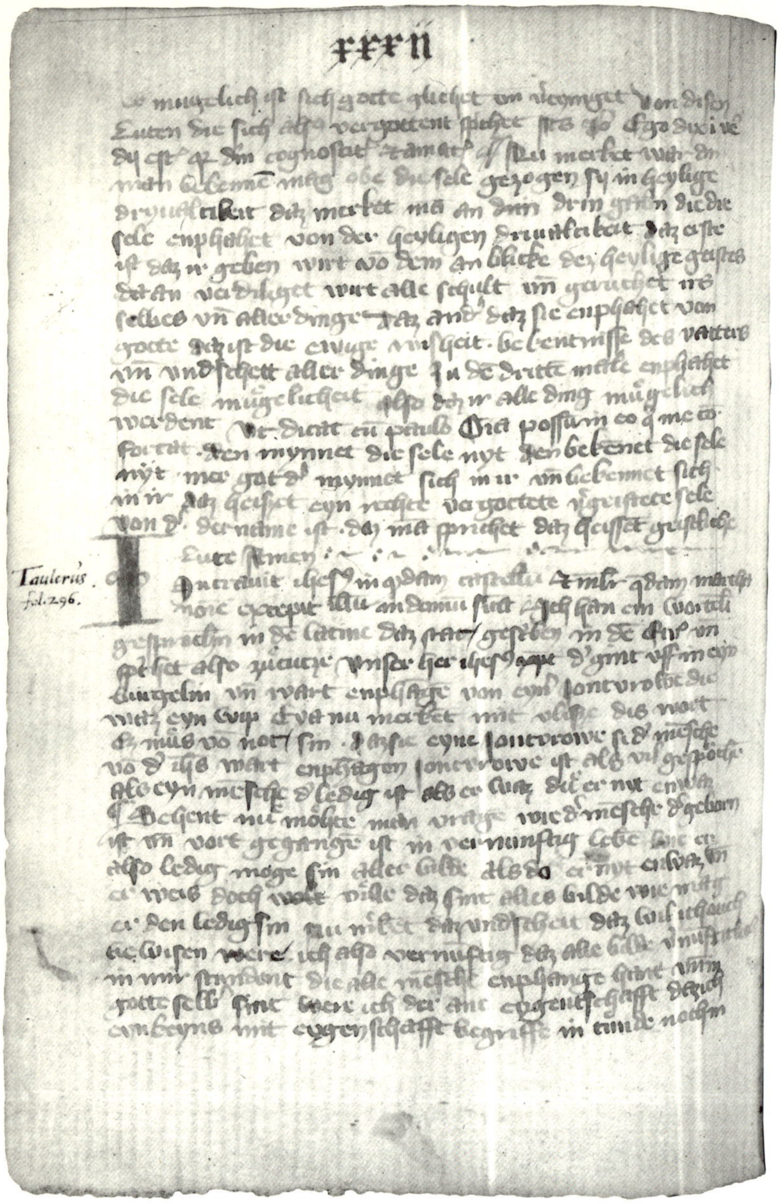

Eckharts in Köln unter Häresieverdacht stehende Predigt über das „Bürglein in der Seele" geht von der Einheit Gottes aus, die dessen Wesen über die Dreifaltigkeit hinausgehend ausmache, und die das „Bürglein in der Seele", das jenseits von Vernunft und Willen liege, berühre.

Meister Eckhart: Predigt „Intravit Iesus in quoddam castellum" (Predigt 2). Papier- und Pergamenthandschrift, 14./15. Jahrhundert, Berlin, Preußischer Kulturbesitz, Handschriftenabteilung der Staatsbibliothek, Ms. germ. quart. 191, f. 165v.

5. Gottesgeburt

Der Mensch, der so die Eigenschaften des Göttlichen annimmt, wird schließlich Sohn Gottes, denn Gott wirkt in der Seele nichts anderes als in sich selbst (In Ioh, n. 120, LW III, S. 105). Das innertrinitarische Leben Gottes selbst also bildet das Vorbild für die erstrebte unmittelbare und unvermittelte Einheit. So denkt Eckhart die vollkommene Erkenntnis im Modell der Gottesgeburt, die geschieht, wenn der Mensch sich ganz von aller Vielheit des Weltlichen abscheidet, von der Vielfalt der Bilder der diskursiven Vernunft, und vollständig in sich eingekehrt ganz eins wird. Dort – im „vünkelin der vernünftigkeit" – geschieht die Geburt, dort wird der Sohn geboren – „nicht einmal im Jahr noch einmal im Monat noch einmal am Tag, sondern allzeit, das heißt oberhalb der Zeit in der Weite, wo weder Hier noch Nun ist, weder Natur noch Gedanke" (Pr. 37, DW II, S. 219). Voraussetzung hierfür ist, daß die Seele, in der diese Geburt geschehen soll, sich ganz rein halten und ein ganz edles Leben führen muß: „sie darf durch die fünf Sinne nicht in die Vielheit der Kreaturen auslaufen, sie muß ganz innen und ganz eines sein" (Pr. 101, DW IV, S. 339f.). Einen ganzen Predigtzyklus hat Eckhart diesem Thema gewidmet. In diesen Predigten zur Weihnachtszeit – die Georg Steer in die Erfurter Zeit datiert – geht er der Frage nach, wie die Verinnerlichung des Göttlichen, in der die höchste Form der Angleichung mit Gott besteht, im Menschen geschehen kann.

Hierbei erkennen wir dieselbe Grundspannung wieder, die wir bereits zuvor gesehen haben. Denn obgleich Eckhart „mit natürlichen Vernunftgründen" von dieser Geburt sprechen will, „wie sie in uns geschieht und in der guten Seele vollbracht wird, wo Gott der Vater sein ewiges Wort in der vollkommenen Seele spricht" (Pr. 101, DW IV, S. 336), so zeigt er bereits durch das Modell der Gottesgeburt an, daß er diese als eine Gnadeneinströmung in der Seele denkt, wenn die Bedingungen hierfür erfüllt sind. Ja, so Eckhart, der einfaltige, der abgeschiedene, der demütige Mensch kann Gott gebieten, „denn die Höhe der Gottheit kann es auf nichts anderes absehen als auf die Tiefe der Demut". So sind Gott und dieser demütige Mensch „ganz Eins und nicht Zwei; denn, was Gott wirkt, das wirkt auch er, und was Gott will, das ist auch er, und was Gott ist, das ist auch er; ein Leben und ein Sein." Selbst in die Hölle müßte Gott einem solchen Menschen folgen: „Er muß dies notwendig tun, er wäre gezwungen dazu, es tun zu müssen" (Pr. 15, DW I, S. 246). Hier geschieht in der Einheit Gottes und des demütigen Menschen „der Kuß", d.h. die akthafte Vereinigung von Gott und Mensch, „denn die Tugend, die da Demut heißt, die ist eine Wurzel im Grunde der Gottheit, darein sie gepflanzt ist, auf daß sie ihr Sein allein in dem ewigen Einen hat und nirgends anderswo" (Pr. 15, DW I, S. 247). Es ist nicht verwunderlich, daß diese Überlegungen Eckharts bei seinen Kölner Anklägern Anstoß erregt haben!

Ein vergleichbares Mißverständnis liegt vor, wenn man die Erfüllung der Bedingungen, von denen Eckhart hier spricht, im Sinne einer „Technik" mißversteht, bildet doch die intentionale Ausübung unserer Erkenntniskräfte ein unüberwindliches Hindernis auf dem Weg zur Glückseligkeit. Dieser Weg führt über unsere natürlichen Seelenkräfte hinaus, gleichwie auch der Seelengrund, die göttliche Anwesenheit in unserem Innersten, den Seelenvermögen vorausliegt. Niemand kommt in diesen Grund der Seele als Gott allein – nicht einmal der Mensch selbst. Die Seele nämlich wirkt alles, was sie wirkt, nach ihren Kräften, d.h. sie erkennt durch ihren Verstand, der an das Vermittelnde der Bilder gebunden ist. Über die Erkenntnisbilder aber kann sie sich schon nicht mehr selbst erkennen – um wieviel weniger kann sie dann Gott erkennen oder sich gar mit ihm vereinen? Dies ist allein die Sache Gottes. Wie aber, so fragt Eckhart, wirkt Gott in der Seele ohne Bilder und Ähnlichkeiten? Nach der Art, wie er seinen Sohn gebiert, nicht nach menschlicher, sondern auf göttliche Weise, nach Art der Gottesgeburt als ein zeitloser Prozeß Im Grunde der menschlichen Seele. Alles, was der Mensch zu dieser Gottesgeburt beitragen kann, ist zu schweigen, sich abzuscheiden und Gott in sich wirken zu lassen – sich von Gott überformen zu lassen. In dieser Überformung geschieht die Vollendung des Menschen.

6. Lesemeister und Lebemeister

Von Sokrates wird gesagt, er habe die Philosophie vom Himmel auf die Erde herabgerufen und sie genötigt, über das Leben nachzudenken. Ähnliches könnte man rückblickend auch von Meister Eckhart sagen. Sein Anliegen ist das Glück des Menschen. Zu diesem Zweck begibt er sich auch die Suche nach dem inneren Menschen, den er vorzüglich in der Einheit mit seinem göttlichen Usprung findet. Vielleicht liegt hierin der tiefere Grund, warum Eckhart seine Universitätskarriere zugunsten der Seelsorge, die Arbeit an seinem spekulativen Entwurf zugunsten der Predigt immer wieder unterbrochen, hintangestellt oder gar aufgegeben hat. Und dennoch gehören der „lesemeister" und der „lebemeister" zusammen – und das nicht nur biographisch. Denn der ethische Anspruch des „lebemeisters" kommt nicht aus einer ausgearbeiteten Ethik oder einer religiösen Praxis, sondern entspringt unmittelbar den theoretischen Grundeinsichten des „lesemeisters". Die Metaphysik, so hatten wir gesehen, legt die wesentlichen Einsichten frei, die zu einer Radikalisierung der Frage nach dem Glück als Rückkehr in die ursprüngliche Einheit Gottes führen. Die ethischen Konsequenzen sind ebenso grundsätzlicher Natur und ergeben sich, wie wir an einigen Beispielen zeigen konnten, ohne Vermittlung durch eine als praktische Wissenschaft auftretende Ethik unmittelbar aus den metaphysischen Grundeinsichten, wie etwa der Lehre vom göttlichen Seelengrund.

Es ist nicht zuletzt diese weisheitliche Konsonanz von Metaphysik, Theologie und Ethik sowie von biblischer und philosophischer Wahrheit, die Eckharts Denken durchgängig bestimmt. Dennoch hat er die Grenzen zwischen dem, was der Mensch aus eigener Kraft vermag, und der Notwendigkeit der Gnade, zwischen dem, was der natürlichen Vernunft zugänglich ist, und der Erfüllung unseres Erkenntnisstrebens durch eine Gnadeneinströmung nicht aus dem Auge verloren. Im Gegenteil: Erst die metaphysische Analyse deckt die Bedingungen für die Rückkehr in den göttlichen Ursprung, der im Grunde der Seele erfaßt wird, auf und erweist die Notwendigkeit der Gnade. Diese Einsicht bestimmt Eckharts Suche nach dem inneren Menschen, in dem sich die Vollendung unseres Strebens nach Glückseligkeit ereignet – jedoch nicht durch Ausübung der Erkenntnis- und Strebekräfte, denn „je mehr man dich sucht, um so weniger findet man dich", heißt es vom verborgenen Gott im Grunde der Seele, „wo Gottes Grund und der Seele Grund ein Grund sind" (Pr. 15, DW I, S. 253). „Daß wir ihn so suchen, daß wir ewig in ihm bleiben", setzt einen Wandel der Einstellung voraus, nicht dann und wann, sondern grundsätzlich, wo auch immer man ist und was auch immer man tut. Um eine solche ethische Einstellung, die ihren Ernstfall in der als Glückseligkeit des Menschen gedachten Einswerdung mit Gott besitzt, geht es Meister Eckhart.

Quellen und Literatur:

Die Werke Meister Eckharts werden zitiert nach der Gesamtausgabe der lateinischen Werke (LW) und der deutschen Werke (DW), Stuttgart 1936ff.

Hingewiesen sei auch auf die von Niklaus Largier besorgte zweibändige Neuausgabe, Frankfurt a.M. 1993 (Bibliothek Deutscher Klassiker).

Kurt Ruh, Geschichte der abendländischen Mystik, Bd. 3: Die Mystik des deutschen Predigerordens und ihre Grundlegung durch die Hochscholastik, München 1996, S. 216–335.

Bernard McGinn, The Mystical Thought of Meister Eckhart, New York 2001.

Wouter Goris, Einheit als Prinzip und Ziel. Versuch über die Einheitsmetaphysik des Opus tripartitum Meister Eckharts (STGMA 59), Leiden–New York–Köln 1997.

Loris Sturlese, Meister Eckhart in der Bibliotheca Amploniana. Neues zur Datierung des „Opus tripartitum", in: Die Bedeutung der Bibliotheca Amploniana im Spannungsfeld von Aristotelismus, Nominalismus und Humanismus (Miscellanea Mediaevalia 23), hrsg. von A. Speer, Berlin-New York 1995, S. 436–446.

Die Beiträge von Andreas Speer, Wouter Goris und Niklaus Largier in: Was ist Philosophie im Mittelalter? Akten des X. Internationalen Kongresses für mittelalterliche Philosophie der Société Internationale pour l'Étude de la Philosophie Médiévale vom 25. bis 30. August 1997 in Erfurt (Miscellanea Mediaevalia 26), hrsg. von J. A. Aertsen und A. Speer, Berlin–New York 1998, S. 683–711.

Andreas Speer, Sapientia nostra. Zum Verhältnis von philosophischer und theologischer Weisheit in den Pariser Debatten am Ende des 13. Jahrhunderts, in: Nach der Verurteilung von 1277. Philosophie und Theologie an der Universität von Paris im letzten Viertel des 13. Jahrhunderts. Studien und Texte (Miscellanea Mediaevalia 28), hrsg. von J. A. Aertsen, K. Emery, Jr. und A. Speer, Berlin–New York 2000, S. 248–275.

Georg Steer, Meister Eckharts Predigtzyklus 'von der êwigen geburt'. Mutmaßungen über die Zeit seiner Entstehung, in: Deutsche Mystik im abendländischen Zusammenhang. Neu erschlossene Texte, neue methodische Ansätze, neue theoretische Konzepte, hrsg. von W. Haug und W. Schneider-Lastin, Tübingen 2000, S. 253–281.

Georg Steer, Die Schriften Meister Eckharts in den Handschriften des Mittelalters, in: Die Präsenz des Mittelalters in seinen Handschriften, hrsg. von H.-J. Schiewer und K. Stackmann, Tübingen 2002, S. 209–302.

Straßburg

Münster

Straßburg : August 2003 : Münster

Prediger und Seelsorger

Zwischen 1313 und 1322 lebte und wirkte Eckhart in Straßburg. Im Auftrag der Ordensleitung visitierte er als Generalvikar die süddeutschen Nonnenkonvente und die Cura monialium. Außerdem war er selbst in der Seelsorge und als Prediger tätig. In Straßburg begegnete Eckhart den häretischen Ansichten der sogenannten „Brüder und Schwestern vom freien Geist“, die in der Ansicht von der Gottwerdung des Menschen gipfelten und diese jegliche geistliche und weltliche Autorität ablehnen ließ. In den Beginenhäusern und dominikanischen Frauenkonventen, traf Eckhart dagegen vor allem auf eine mystische Spiritualität, die sich in Kasteiungen, Ekstasen und Visionen erging.

Eckhart versuchte in seinen Predigten den emotionalen Weg der Beginen und Nonnen zu einer individuellen Gotteserfahrung in eine mehr intellektuelle Richtung zu lenken und die häretische Vergottungslehre in den Rahmen der Orthodoxie zurückzuholen. Seine intellektuelle, spekulative Begründung der Mystik, wie sie sich im hier verfassten „Buch der göttlichen Tröstung“ findet, konnten aber wohl nur wenige seiner ZuhörerInnen verstehen. Dennoch bekannte er sich dazu, einfache Leute zu lehren, und geriet in den Verdacht, jenen Laien nahe zu stehen, die sich von der Kirche abwandten und als Ketzer verfolgt wurden.

Die Urkunde vom April 1314 ist der erste Hinweis auf Meister Eckharts Aufenthalt in Straßburg. Sie nennt den „fr. magister Eckehardus, professor sacre theologiae" an zweiter Stelle der Zeugenreihe, nach dem Weihbischof aber vor dem Prior des Straßburger Konventes. Damit unterstand er nicht dem Prior und kann nicht als Lehrer dem Konvent angehört haben.

Urkunde über die Schenkung eines Wohnhauses an den Provinzial der Teutonia durch die Schwestern Katharina und Adelheid, Töchter des verstorbenen Bürgers Johannes Engelbert, zu Gunsten ihres Bruders Hugo, der dem Orden angehörte, Straßburg, 12. April 1314. Pergamenturkunde mit den Siegeln des Offizials des Straßburger Bischofs und des Provinzials der Teutonia, Straßburg, 12. April 1314, Stadtarchiv, AH 968.

wende sich denn mit Willen von ihm ab. Wer Gott so, (d. h.) im Sein, hat, der nimmt Gott göttlich, und dem leuchtet er in allen Dingen;

Straßburg : August 2003 : Gymnasium „Jean Sturm“ = ehemaliger Standort des Dominikanerklosters ... heutiges Dominikanerkloster in Straßburg

Kirchenautorität und Frauenseelsorge

Die meisten älteren Orden besaßen weibliche Zweige, sog. Zweite Orden. Auch zum Dominikanerorden gehörten von Anfang an Nonnenklöster, die von den Predigerbrüdern im Rahmen der Cura monialium betreut wurden. Im Verlauf des 13. Jahrhunderts drängten immer mehr Frauen in den Orden und stellten diesen vor große ökonomische und seelsorgerische Probleme. Besonders akut gestaltete sich die Lage am Oberrhein und in Straßburg, wo der Predigerkonvent außerdem zahlreiche Beginenkonvente betreute.

Diese Ende des 12. Jahrhunderts entstandenen Frauengemeinschaften vermehrten sich rasch und prägten bald das religiöse Leben der Städte. Die ledigen oder verwitweten Frauen gaben ihre soziale Stellung auf, um ein Leben in Keuschheit und Armut und der Nachfolge Christi zu führen. Bevorzugt ließen sie sich in der Nähe der Mendikantenklöster nieder. Der Säkularklerus stand dieser Verbindung stets misstrauisch gegenüber. Die Seelsorge für die nicht klösterlichen religiösen Frauengemeinschaften erfolgte jedoch wie die ordensinterne Cura monialium im Auftrag der Kurie.

Mit der Verurteilung der beginischen Lebensform durch das 1311er Konzil wurden die Auseinandersetzungen um die Beginenseelsorge heftiger, Häresievorwürfe gegen Beginen aber auch gegen Nonnen häuften sich. Wohl auch deshalb hatte der Orden Eckhart nach Straßburg geschickt. Als der Straßburger Bischof 1317 den Stand der Beginen wie auch ihre seelsorgerische Betreuung durch die Bettelorden verbieten ließ, nahmen die Angriffe der Weltgeistlichkeit gegen die Dominikaner zu. Als Eckhart Straßburg verließ, war der Streit um die Beginen jedoch mit deren fast vollständiger Aufnahme in den Orden beigelegt worden. Welchen Anteil Eckhart an dieser Entwicklung hatte, ist jedoch unklar.

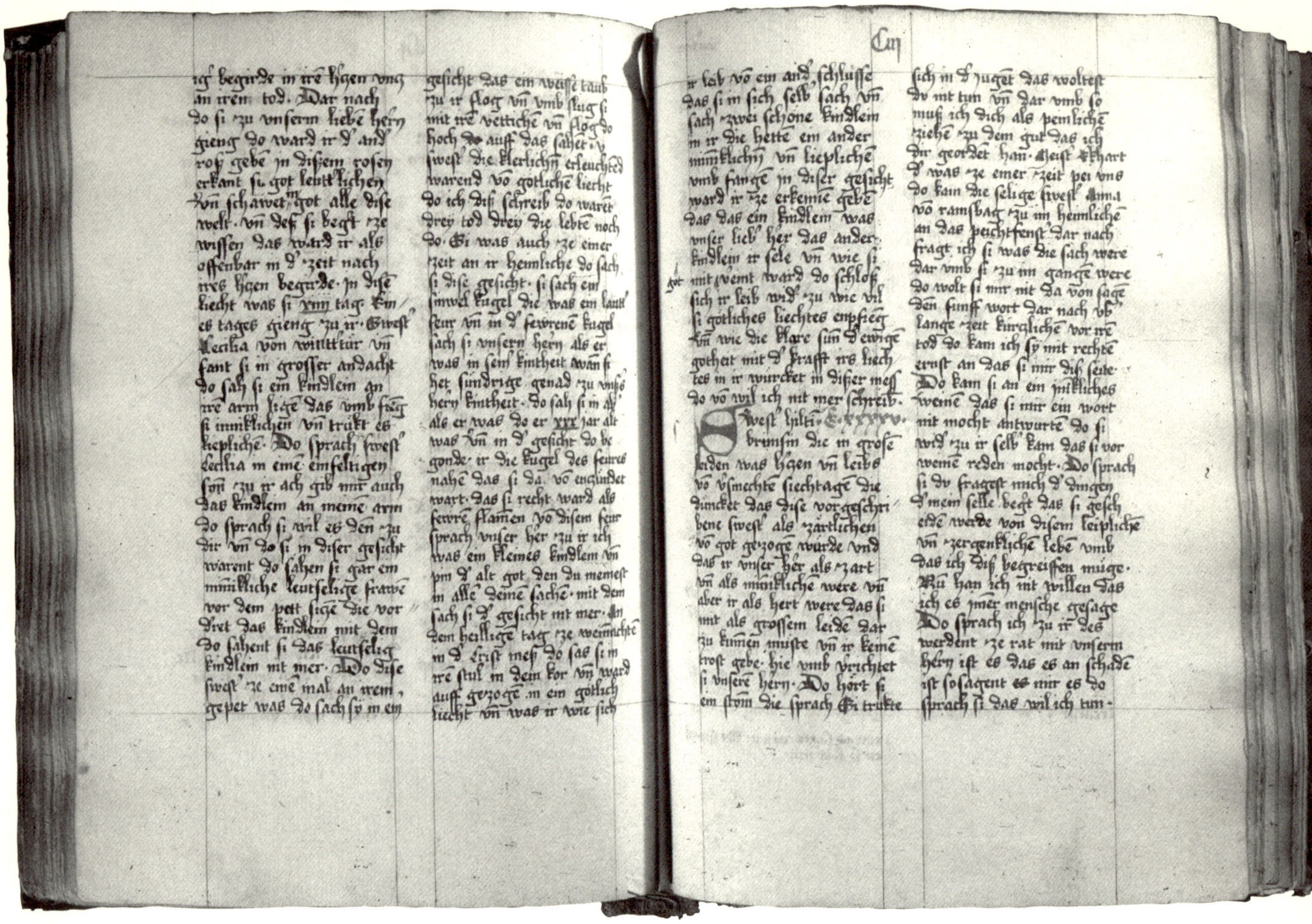

Das Schwesternbuch berichtet von der Begegnung einer Nonne des Nürnberger Dominikanerinnenklosters mit Meister Eckhart. Es bezeugt, dass Eckharts Tätigkeit im Rahmen der Cura monialium über das Elsass hinausging und weite Teile des südwestdeutschen Raumes einschloss.

St. Katharinenthaler Schwesternbuch, Exempel zu Schwester Hiltin Brimsin. Papierhandschrift, Nürnberger Katharinenkloster, 2. Hälfte 15. Jahrhundert, Nürnberg, Stadtbibliothek, Cent V, 10a, f.103r.

Die Reisen Meister Eckharts

Von Klaus-Bernward Springer

Als Mitglied des Dominikanerordens war Eckhart prinzipiell mobil und für „Dienst- und Pastoralreisen" verfügbar. In der Verfassung der Dominikaner wie auch bei den anderen Bettelorden war diese wichtige Neuerung im Ordensleben verankert: die Fratres waren Mitglieder eines „ortsunabhängigen Personenverbandes".[1] Im Gegensatz zu den die „stabilitas loci" pflegenden älteren Orden waren die dem neutestamentlichen Ideal der Wanderpredigt und neuen pastoralen Aufgaben verpflichteten Mendikanten innerhalb ihrer Provinz versetzbar. Auch Eckharts Leben war keineswegs auf ein Kloster beschränkt, wie das bei Benediktinern und Zisterziensern zumeist der Fall war. Das zeigen schon Eckharts wichtigste Lebensstationen: Erfurt, Paris, Straßburg, Köln und Avignon.[2] Neben der Mobilität gab es bei den Dominikanern allerdings weiterhin die Bindung an ein Kloster: ein jeder Predigerbruder blieb trotz der oftmals häufigen Versetzungen „filius conventus" der Niederlassung, in die er eingetreten war. Zwar war die Zugehörigkeit zum Gesamtverband das Wichtigere, doch blieb trotz aller Verfügbarkeit und der Tätigkeit in verschiedenen Niederlassungen des Ordens noch der besondere Bezug des Fraters zu dem Konvent, in den er eingetreten war und in dem er Profeß geleistet hatte. Eckharts Heimat- und Nativkonvent war Erfurt.

Nach den zu Beginn des 13. Jahrhunderts gültigen monastischen Normen war es äußerst unziemlich, wenn Ordensmänner nicht in ihren Klöstern lebten, sondern in der Welt herumzogen und als geweihte Priester – nach dem damaligen Verständnis war ein jeder Priester ein „dominus", ein Herr – auch noch bettelten. In dem für das Ordensleben wichtigen Grundlagentext der Benediktregel waren im Frühmittelalter die Gyrovagen, die umherschweifenden Mönche, verurteilt worden. Im programmatischen 1. Kapitel der Benediktregel heißt es über sie: „Sie treiben sich ihr Leben lang in verschiedenen Gegenden herum, ... immer unstet, nie beständig, sind sie Sklaven ihrer Launen und der Gaumenlust und in jeder Hinsicht noch verkommener als die Sarabaiten [= zerstreut lebende asketische Einsiedler]." [3] Die Herabsetzung der bisher gültigen frühmonastischen Formen, ihre Normierung wie die Verengung der bisherigen Bandbreite des asketisch-monastischen Ideals waren aufgrund des Anwachsens der monastischen Bewegung und verschiedener ärgerlicher und absonderlicher Entwicklungen notwendig geworden. In späteren Aufbrüchen im Ordensleben tauchten die verdrängten Formen allerdings wieder auf. Die religiöse Bußbewegung erkannte im kultivierten Asketismus des „Herrschaftsklosters", wie es die Benediktregel vorgesehen hatte, immer weniger das eigene alternative Ideal der Nachfolge Jesu. Zudem ermöglichte die seit der Mitte des 11. Jahrhunderts einsetzende soziale und wirtschaftliche Mobilität eine Minderung „monastischen Zubehörs"; im Umfeld der Städte wurde es möglich, sich ohne Besitz und feste Einkünfte durch das Erbetteln von Almosen zu finanzieren. „Die besitzlose Gemeinschaft nahm ihr Kloster gleichsam mit auf den Weg. Dort, wo man sich gerade aufhielt, wurde es als Provisorium errichtet. Nicht mehr das Kloster war wichtig, sondern die Kommunität. Zur Armut trat als neues Merkmal die Mobilität." [4] Zunehmend sah man im besitzlosen Wanderprediger statt in dem auf bloße sakramentale Heilsvermittlung ausgerichteten „Kultdiener" oder dem weltflüchtigen Eremiten die Lebensweise des Evangeliums und der Apostel verwirklicht. Mit dem Hauptziel der Bekehrung vieler Menschen zur Buße kam für die als „Volksmissionare" tätigen neuen Apostel die begrenzende und einengende Bindung an die Pfarrkirche nicht mehr in Frage. Vielmehr wollten sie wie Jesus und seine Nachfolger durch Städte und Dörfer ziehen, um überall Erweckungszirkel zu gründen. Diese Tendenz zu besitzlosen und ortsunabhängigen Personenverbänden mit ihrem die Predigt betonenden pastoralen Apostelideal führte zu verschiedenen Neuformungen monastischen Lebens. Diese blieben jedoch im Verlaufe des 12. Jahrhunderts gleichsam noch auf halbem Wege stehen bzw. wurden als sektiererisch ausgegrenzt oder hatten selbst kein Interesse am Verbleib innerhalb der als korrupt angesehenen „Großkirche". Dazu gehörte auch die um 1175 entstandene und 1184 exkommunizierte laikale Wanderprediger-gemeinschaft des Petrus Waldes (+ 1218). Die Dominikaner waren wie auch die anderen im Verlauf des 13. Jahrhunderts entstandenen Bettelorden Teil der vita religiosa- und vita apostolica-Bewegung und versuchten das evangelische Ideal der Armut, der Mobilität und der Verkündigung durch Predigt zu verwirklichen. Daher brachen sie mit bisher gültigen kirchlichen und monastischen Standards, um dem Beispiel des armen Wanderpredigers Jesus zu folgen.[5]

Als Folge dieses Ideals legten die Bettelorden die mitunter bedeutenden Strecken ihrer Predigt- und Pastoralreisen konsequent „per pedes apostolorum" zurück. So heißt es über die Anfänge der Katharer-Mission unter Bischof Diego von Osma, an der Dominikus von Guzmán aus Caleruega (1173/75–1221) teilnahm: „Nun begannen sie zu Fuß, ohne Geld, in freiwilliger Armut den Glauben zu verkünden." [6] Denn Bischof Diego hatte erkannt, daß Albigenser und Waldenser vor allem deshalb Anhänger fanden, weil ihr Lebensstil viel stärker am Evangelium orientiert schien als der des katholischen Klerus. Daher sollten die Missionare der rechten

Lehre „in allem die Lebensweise der Apostel nachahmen“ [7]. Diego und Dominikus entwickelten eine neue Form der apostolischen Wanderpredigt, die die Kirche vorher mit großem Mißtrauen betrachtet hatte.[8] Auf diese Weise solidarisierten sich die Mitglieder der Bettelorden nicht nur mit der Armut Jesu und der Apostel, sondern auch mit den ökonomischen Zwängen für die Mehrheit der Bevölkerung. „Bis ins 19. Jahrhundert ging die Masse des Volkes zu Fuß, weil sie sich nichts Besseres leisten konnte. Viele Menschen reisten gar barfuß, aus Armut, wegen der Hitze und des unbequemen Schuhwerks, oder zur Buße. Wohlhabende gingen nur dann zu Fuß, wenn sie sich mit Schwachen identifizieren, Demut bekunden oder das Gespräch mit den Menschen suchen wollten.“ [9] Hauptsache war jedoch, daß die neuen Orden mit apostolischer Armut und Wanderpredigt eine Antwort auf die neuen Häresien und neuen gesellschaftlichen Herausforderungen zu geben versuchten. „An die Stelle der ortsgebundenen, seinem Abt ergebenen, der Liturgie zugewandten Mitglieds einer kollektiven Gutswirtschaft trat der predigende, wandernde, bettelnde, aber wohlausgebildete Priestermönch neuer Art, der sich zum Leben unter der Ordensregel verpflichtete, aber ohne Ortsbindung, und der seinem auf drei Jahre gewählten Hausoberen nicht wie ein Sohn ergeben war, sondern, gleich einem Ordensritter, dem auf Lebenszeit gewählten Generalmeister persönliche Treue geschworen hatte.“ [10]

Nachträglich wurde die weltweite Ausbreitung des Dominikanerordens idealisiert und göttlich legitimiert. Gemäß der späteren „Gründungslegende“ des Konstantin von Orvieto (+ 1256) beauftragten die bedeutendsten Apostel Dominikus und seine Nachfolger zum Apostolat: „Als der Mann Gottes Dominikus in Rom war und in der Basilika von Sankt Peter im Angesicht Gottes sein Gebet um Bewahrung und Entfaltung des Ordens ... verrichtete, legte sich die Hand des Herrn auf ihn (Ps 80, 18). In einer sinnbildlichen Schau sah er plötzlich, wie die glorreichen Apostelfürsten Petrus und Paulus auf ihn zukamen. Es schien ihm, daß Petrus ihm einen Stab und Paulus ein Buch übergab. Sie sagten dabei: Geh und predigte, denn von Gott bist du zu diesem Dienst auserkoren worden! Gleich darauf kam es ihm blitzartig so vor, als sähe er seine Söhne über die ganze Welt verstreut, je zu zweit wandernd und das Wort Gottes den Völkern verkündend.“ [11] Im Sinne des Missionsauftrags „Geh und predige“ – vgl. auch den allgemeinen Missionsbefehl Jesu nach Mk 16,15 – handelte Dominikus noch kurz vor seinem Tod 1221. Erneut erfolgte die Aussendung von Brüdern in verschiedene Länder Europas, darunter auch nach Deutschland. Daher galt das Jahr 1221 lange als Gründungsjahr der deutschen Provinz Teutonia,[12] von der die neugegründete Saxonia im Jahr 1303 getrennt wurde.

Das Ideal der Wanderpredigt gekoppelt mit dem der Armut führte bei den adeligen oder gelegentlich hochadeligen Familien der Fratres zu Irritationen. Als Elger von Hohenstein (um 1180–1242) – Pariser Student wie Eckhart und Gründer des Erfurter Dominikanerkonvents – einmal bettelnd zu Fuß unterwegs war, war sein Bruder – als Mitglied eines bedeutenden thüringischen Adelsgeschlechtes natürlich hoch zu Roß – darüber bestürzt.[13] Trotz der zunehmenden Bedeutung des Pferdes für Landwirtschaft und Verkehr galt es bis in die Neuzeit als bevorzugtes luxuriöses Reittier und somit als Statussymbol des Adels und des hohen Klerus. Daher hatten z. B. die Generalkapitel der Dominikaner von 1239 in Paris und 1240 in Bologna bestimmt, daß die Brüder weder eigene Wagen noch Pferde haben sollten, noch fremde Pferde in ihren Häusern unterstellen dürften.[14] Der kurzzeitig als Regensburger Bischof und damit als Reichsfürst amtierende Albertus Magnus (ca. 1200–1280) hielt sich gleichfalls an die Ordensvorschriften. Daher zog er zu Fuß in seine Bischofsstadt ein, was Furore machte und zur abschätzigen Bezeichnung Alberts als „Bundschuh“ führte.[15] Damit die Zeit des Reisens sinnvoll genutzt werde, setzten die ältesten Konstitutionen des Studierordens für die Brüder fest: „sie sollen auch unterwegs etwas lesen oder meditieren“.[16] Dieser Vorschrift verpflichtet, zählt zu den dem hl. Dominikus zugeschriebenen Gebetsweisen eines unbekannten südfranzösischen oder katalanischen Verfassers zwischen 1260 und 1288 als neunte das Gebet während einer Reise: „In der folgenden Weise betete Dominikus, wenn er von Land zu Land reiste .... da widmete er sich ganz der Meditation, ja der Kontemplation ... Darauf wandte er sich von seinem Gefährten ab, ging ihm voran, oder öfters folgte er ihm auf Distanz, und indem er alleine dahinschritt, betete er im Gehen und lebte in der Meditation auf, als würde in ihm ein Feuer entfacht.“ [17] 1314 sandte der französische Theologe und Inquisitor Bernard Gui auf Anforderung des Generalmagisters ein Exemplar dieser Gebetsweisen nach Rom.[18] Diesem zu Beginn des 14. Jahrhunderts noch wirkmächtigen Ideal war auch Eckhart verpflichtet. Vermutlich hat er etliche seiner geistlichen Impulse auf seinen Reisen durchmeditiert.

Erstaunlich ist, daß in der modernen umfangreichen Literatur zu Reisen und Mobilität im Mittelalter dem Wandern der mendikantischen Wandermönche kaum Beachtung geschenkt wurde.[19] Dabei gehörte zu jedem Dominikanerkloster ein Bettelbezirk, der sog. Termin.[20] Dieser wurde von Fratres zu bestimmten Zeiten durchwandert, weshalb die Bettelmönche weitgereister waren als der größte Teil der damaligen Bevölkerung; als Gegengabe für seelsorgliche Leistungen – vornehmlich Predigt und Beichte; an die vom 4. Laterankonzil 1215 eingeschärfte Beichtpflicht sei erinnert – kollektierten die Wandermönche. Erst nach Eckharts Zeit bildete sich das System der Terminhäuser aus, durch die das Hinterland eines Klosters durch die mit einem Frater besetzten Stationen systematisch erschlossen wurde. Doch zogen nicht nur

die nachweisbaren Stationen Eckharts

die Mendikanten umher, um zu predigen; mitunter strömten Menschen von nah und fern zusammen, um bedeutende Prediger zu hören. Die Mobilität der Mendikanten beschränkte sich nicht auf den Kollektierbezirk ihrer Niederlassung. Kirche und Papsttum nutzten den „ortsübergreifenden Personenverband" als Boten und zur Nachrichtenübermittlung;[21] nicht zuletzt versetzte der zirkulierende Informationsfluß Dominikaner und Franziskaner in die Lage, bei der Abfassung von Chroniken überregionale Informationen zu verwenden, so z.B. auch in den Erfurter Annalen der Dominikaner für die Zeit von 1220–1253.[22] Auch Bettelklöster wurden von Reisenden nicht nur des geistlichen Standes als Hospize und Unterkünfte genutzt. Gerade Bettelmönche reisten bis an die Grenzen und sogar über die Grenzen der damals bekannten Welt hinaus und waren so ein wichtiger Faktor der Kulturbegegnung und Kulturvermittlung. Schon wenige Jahre nach der Niederlage eines deutsch-polnischen Heeres bei Liegnitz 1241 gegen die Mongolen Dschingis Khans sandte der Papst ab 1245 Franziskaner und Dominikaner zu dem Mongolenherrscher; der Franziskaner Wilhelm von Ruysbrock (1215/1220 – ca. 1270) zog 1253–1255 nach Karakorum an den Hof des Großkhans. Reiseberichte über ihre Fahrten ins Morgenland stammten von Burchard von Barby (de Monte Sion) und Ricaldo da Montecroce gegen Ende des 13. Jahrhunderts sowie Franziskus Pipinus (+ 1320).[23] Bereits am 23. Juli 1253 sandte Papst Innozenz IV. ein Schreiben an „seine geliebten Söhne, die Predigerbrüder, welche in den Ländern der Sarazenen, Heiden, Griechen, Bulgaren, Kumanen, Äthiopier, Syrer, Iberer, Alanen, ... Goten, Jakobiten, Nubier, Georgier, Armenier, Inder, ... Juden, Tataren, Ungarn, bei den gefangenen Christen der Tartaren und anderen Ungläubigen im Orient das Evangelium verkünden oder in andere Gegenden aufbrechen".[24] Zu Lebzeiten Eckharts wirkten etliche Dominikaner als Missionsbischöfe in Asien, so in Persien, in Caffa am Schwarzen Meer und ab 1329 dann in Colombo auf Ceylon.[25] Dominikaner zeichneten sich auch aus durch naturwissenschaftliche Kenntnisse und erwarben Verdienste durch Anlegung von Straßen und Bau von Brücken, so baute der Dominikaner Gonzalez Amaranth eine Brücke über den Tajo.[26]

Die mendikantische Mobilität war kein Selbstzweck. Sie stand im Dienst der Seelsorge, der Mission und – bei den Dominikanern besonders wichtig – im Dienst der Ausbildung im Sinne eines wissenschaftlichen Studiums. Eckhart kam als Student wie als akademischer Lehrer mehrfach ins abendländische Studienzentrum Paris. Dort war er im Studienjahr 1293/94 Lector sententiarum[27] und 1302–1303 und 1311–1313 Professor an dem zweiten dominikanischen Lehrstuhl, der stets einem „Ausländer" vorbehalten war und an dem auch Albertus Magnus und Thomas von Aquin gelehrt hatten. Die Versetzungen zu Studienzwecken beförderten den Wissensfluß sowie den Austausch von Ideen, Büchern und Handschriften. In der dreigestuften dominikanischen Ausbildung – Hausstudium, Partikularstudium, Generalstudium – betrieb Eckhart seine ersten Studien wahrscheinlich im Erfurter Heimatkonvent. Wohin er studienhalber versetzt wurde, ist unbekannt. W. Trusen vermutete, daß Eckhart nach dem Hausstudium in Erfurt evtl. eines der Partikularstudien der Teutonia – vielleicht das in Straßburg – und dann das Generalstudium in Köln besuchte, bevor er 1293/94 in Paris wirkte.[28] Vor seinen Studien in Paris war Eckhart wohl ebenso wie seine Mitbrüder in verschiedenen Konventen als Lektor tätig, doch fehlt dafür jeder Quellenbeleg.

Wie an seinem Studiengang illustriert, sind von Eckharts Lebensstationen leider nur wenige – zu wenige – Eckdaten bekannt. Daher ist es unmöglich, ein Itinerar Eckharts zu erstellen. Beim derzeitigen Quellen- und Forschungsstand können nur einige Hinweise gegeben werden, zumal einige Lebensstationen wie das Studium in Köln umstritten sind. Aufgrund des Hinweises aus seiner Pariser Osterpredigt auf Albertus Magnus – „Albert sagte oft: dies weiß ich, wie wir wissen; den wissen alle wenig." [29] – wurde vermutet, daß Eckhart vielleicht noch zu Lebzeiten des Albertus Magnus (ca. 1200–1280) in Köln studierte. Etliche Lebensstationen Eckharts sind widerlegt, so die Annahme eines Priorats in Frankfurt am Main in den Jahren 1317 bis 1320.[30] Ganz und gar unmöglich ist es, die Reisewege Eckharts zu bestimmen. So ist es unbekannt, ob Eckhart sich zu seinen mehrfachen Aufenthalten in Paris von Thüringen über Köln oder über Frankfurt und Mainz reiste oder einen ganz anderen Weg nahm. Zu vermuten ist, daß er nach Straßburg bzw. von Straßburg nach Köln zum Teil mit dem Schiff reiste und evtl. in den Klöstern am Rhein, also in Speyer, Worms, Mainz und Koblenz übernachtete.

Nach seinem Pariser Aufenthalt war Eckhart Erfurter Prior vermutlich von 1294 bis 1298 und längstens bis 1300, weil damals alle Prioren der Teutonia abgesetzt wurden.[31] In den zwischen 1294 und 1298 entstandenen „Reden der Unterweisung" heißt es: „Daz sint die rede, die der vicarius von Türingen, der prior von Erfurt, bruoder Eckhart predigerordens mit solchen kindern hâte, diu in dirre rede vrâgeten vil dinges, dô sie sâzen in collationibus mit einander." [32] Eckhart bekleidete laut der Quelle neben dem Prioratsamt vermutlich von 1294–1298 und evtl. darüber hinaus bis längstens 1302 das Amt des Vikars der thüringischen Nation.[33] Als delegierter Stellvertreter des Provinzials für einen Distrikt innerhalb der Ordensprovinz Teutonia war Eckhart auch für Visitationen innerhalb seines Bezirks zuständig und wird daher die vier Konvente seines Bezirks in Thüringen, also Eisenach, Jena, Mühlhausen und Nordhausen aufgesucht haben. Josef Koch faßt zusammen: „Von den Wanderungen, die Eckhart als Vikar zu den ihm anvertrauten Klöstern unternahm, wissen wir ebenso wenig wie von den sehr viel ausgedehn-

Kreuzgang im ehemaligen Dominikanerinnenkloster „Unterlinden" in Colmar

tern Reisen, die er später als Provinzial unternahm." [34] Doch war er zwischenzeitlich noch in Paris, wo er 1302 zum Magister – deutsch „Meister" – der Theologie promoviert wurde.[35] 1303 kehrte Eckhart nach Erfurt zurück.

Als Gründungsprovinzial der Saxonia kamen auf Eckhart erhebliche Verpflichtungen in puncto Dienstreisen zu. Von Eckharts Amtsvorgänger als Provinzial (der Teutonia) Albertus Magnus – er amtierte 1254 bis 1257 – ist bekannt, daß er dauernd zu Fuß unterwegs war und gleichzeitig trotz dieser Mobilität und rastlosen Tätigkeit ein umfangreiches Schriftencorpus verfaßte.[36] Als Provinzial hatte Eckhart jedes Jahr – schon allein aus finanziellen Gründen, um die Überbelastung eines Kloster zu vermeiden – jeweils in einer anderen Niederlassung des Ordens ein Provinzkapitel zu halten, diese fanden statt 1304 in Halberstadt, 1305 in Rostock – von dort sandte Eckhart am 11. September 1305 ein Schreiben an den Göttinger Magistrat –, 1306 in Halle, 1307 in Minden, 1308 in Seehausen (in der Altmark), 1309 in Norden und 1310 in Hamburg.[37] Ebenso nahm Eckhart an mehreren Generalkapiteln – dem höchsten beschlussfassenden Gremium des Ordens – teil. Wie ein Provinzkapitel tagte dieses höchste Ordensparlament zu einem bestimmten Termin im Jahr – in der Regel zu Pfingsten und damit vor den Provinzkapiteln Anfang September – und nicht permanent sowie aus basisdemokratischen Gründen nach dem Rotationsprinzip, also mit jährlich wechselnder Mitgliederzahl. In einem Jahr waren die Provinziale eingeladen, im nächsten Jahr Vertrauensmänner der Provinz (sogenannte Definitoren) und im 3. Jahr die 2. Definitoren. Um dem Wählerwillen möglichst zu entsprechen, bedurften wichtige Entscheidungen im Orden die Zustimmung jedes dieser Gremien und waren daher erst nach den Beschlüssen dreier Generalkapitel genehmigt. So war es auch im Fall der Neugründung der Provinz Saxonia, die auf den Generalkapiteln in Köln 1301, 1302 und Besançon 1303 beschlossen wurde. Für 1304 ist Eckhart auf der erfreulicherweise erhaltenen Teilnehmerliste des Generalkapitels von Toulouse verzeichnet. Verfassungsgemäß – falls nicht durch Krankheit oder anderweitig entschuldigt – nahm Eckhart wohl auf den Generalkapiteln von Straßburg 1307 und Piacenza im Jahre 1310 teil. Es ist wahrscheinlich, daß Eckhart selbst auf dem Kapitel zu Piacenza die Aufnahme seiner drei Klosterneugründungen in den Ordensverband beantragte.[38] Auf dem Generalkapitel von Straßburg erhielt Eckhart den „Sonderauftrag", als Generalvikar die benachbarte böhmische Provinz zu visitieren. Dies tat Eckhart wohl noch im gleichen Jahr.[39] Kurt Ruh bemerkt zum Reisepensum Eckharts: „Die Auto- und Intercity-Fahrer unserer Tage müssen an die zu Fuß zurückzulegenden Wege über Ströme und Gebirge hinweg erinnert werden, um die Länge und Mühseligkeiten dieser Reisen auch nur zu ahnen. Zu bedenken ist auch, daß das Provinzialat Eckharts, das ihn in ständiger Bewegung sah, ein Jahrzehnt katastrophaler Witterungsverhältnisse gewesen ist. 1303 und 1306/07 fror die Ostsee, auch im Süden, zu. Schon selbstverständlich ist die Tatsache, daß die Reisenden wilden Tieren ausgesetzt und vielfach von Wegelagerern bedroht waren. Sehr anschaulich erzählt der Eckhart-Schüler Heinrich Seuse in seiner Lebensgeschichte von der Gesellschaft eines Mörders mit Spieß und langem Messer in einem finstern Wald ... Kein Wunder, daß viele, und besonders prominente Ordensleute, die viel auf Reisen waren, unterwegs ihr Leben beschlossen, so zu Lebzeiten Eckharts der berühmteste Dominikaner des Mittelalters, Thomas von Aquin, 1274 auf dem Wege zum Konzil von Lyon und 1294 der 8. Generalminister des Ordens, Stephan von Besançon, auf dem Wege nach Rom." [40]

Es ist unsicher, ob Eckhart im Verlauf seines Provinzialats jede der 47 Niederlassungen der Saxonia aufsuchte. Denn Visitationsaufgaben waren an die Vikare der Nationen delegiert; allerdings wird Eckhart etliche Visitationen selbst durchgeführt habe. Außerdem besuchte er zu Verhandlungen mit dem Rat die neugegründete Niederlassung in Braunschweig im Jahr 1309 sowie vermutlich auch die beiden anderen Neugründungen in Dortmund und Groningen.

Eckhart war zwischen 1313/1314 und 1324 in Straßburg als Generalvikar „in Frauenfragen" nachweisbar. Anlaß für Eckharts Tätigkeit in Straßburg waren die Beschlüsse des Konzils von Vienne 1311–1312 gegen die häufig von Dominikanern betreuten und als häretisch verurteilten Beginen und Begarden. Obwohl diese Beschlüsse noch nicht rechtskräftig waren, entschloß sich das Generalkapitel des Predigerordens zu Carcassonne 1312, sie schon zu respektieren und zu handeln. Da der Dominikanerorden durch die Seelsorge der Beginenkonvente bzw. ehemaliger Beginenkonvente, die im Lauf des Zeit als Dominikanerinnenklöster dem Orden inkorporiert worden waren, besonders betroffen war, wurde kurz darauf Eckhart als Sonderbeauftragter des Generalmagisters Berengar von Landora (1312–1317) bestimmt. Straßburg legte sich als „Ballungszentrum" von Beginenkonventen in der Stadt wie im süddeutschen Raum nahe. Außerdem bereiste Eckhart weibliche Ordensniederlassungen im süddeutschen Raum. 1322 erließ er im Rahmen einer Visitation Regelungen für das Kloster Unterlinden in Colmar. In Katharinenthal bei Diessenhofen sowie in Oetenbach in Zürich war er nachweisbar. Vermutlich visitierte er alle Klöster seines Amtsbezirks.

Frühestens 1323, wahrscheinlich aber doch etwas später, wurde Eckhart nach Köln gesandt. Die Überlieferung, daß er dort das Generalstudium leitete, wird neuerdings bezweifelt; vielleicht setzte er in Köln sein Engagement für Beginen und religiöse Frauen fort.[41] Daneben predigte Eckhart in der Dominikanerkirche sowie bei den Dominikanerinnen in St. Gertrud, den Zisterzienserinnen in Mariengarten und den Benediktinerinnen.[42] Eckharts Prozeß in Köln ist hier nicht weiter zu behandeln. Doch zog er nach der vergeblichen Appellation mit seinem Provinzial Heinrich de Cigno sowie drei Lektoren, vermutlich Nikolaus von Straßburg, Konrad von Halberstadt sowie Otto von Schauenburg nach Avignon, wo er auch verstarb.[43]

Fußnoten:

[1] Vgl. Frank, Isnard Wilhelm: Kirchengeschichte des Mittelalters. (Leitfaden Theologie 14) Düsseldorf 41997, 126.

[2] Vgl. Jacobi, Klaus (Hg.): Meister Eckhart: Redestationen – Lebenssituationen. (Quellen und Forschungen zur Geschichte des Dominikanerordens. NF 7) Berlin 1997.

[3] Zit. Frank, Isnard W.: Franz von Assisi. Frage auf eine Antwort. Düsseldorf 1982, 170 (Zitat); vgl. 168–178. Übersetzung mit Textvarianten in: Die Benediktsregel. Eine Anleitung zu christlichem Leben. Der vollständige Text der Regel übersetzt und erklärt von Georg Holzherr. Zürich 1980, 48, 53f. Erläuterung der Begriffe „Sarabaiten" und „Gyrovagen".

[4] Vgl. Frank, Franz 202.

[5] Vgl. Tugwell, Simon: Die Spiritualität der Dominikaner. In: Raitt, Gill / McGinn, Bernard / Meyendorff, John (Hg.): Geschichte der christlichen Spiritualität II: Hochmittelalter und Reformation. Mit einem Vorwort von Josef Sudbrack. Würzburg 1995, 35–50, hier 36 mit Anm. 1 (auf S. 50).

[6] Jordan von Sachsen: Von den Anfängen des Predigerordens. Hg. von Wolfram Hoyer. (Dominikanische Quellen und Zeugnisse 3) Leipzig 2002, 42 Nr. 20.

[7] So Diego nach Pierre von Vaux-de-Cernays Historia Albigensis. Zit. nach Tugwell, Spiritualität 38 mit Anm. 4 (auf S. 50). Übersetzung aus Ders. (Ed.): Early Dominicans. Selected Writings. New York 1982, 87. Zum Kontext vgl. jetzt Oberste, Jörg: Der „Kreuzzug" gegen die Albigenser. Ketzerei und Machtpolitik im Mittelalter. Darmstadt 2003, 47f.

[8] Vgl. Tugwell, Spiritualität 38.

[9] Ohler, Norbert: Reisen im Mittelalter. (dtv 11374) München-Zürich 1991, 48f.

[10] Seibt, Ferdinand: Glanz und Elend des Mittelalters. Eine endliche Geschichte. Berlin 1987, 273f.

[11] Zit. Bedouelle, Guy: Dominikus: von der Kraft des Gebetes. Graz 1984, 139. Zu Konstantin von Orvieto und seinem Werk vgl. Kaeppeli, Thomas: Scriptores Ordinis Praedicatorum Medii Aevi I. Rom 1970, 292–294, hier 293 Nr. 797: Vita et miracula b. Dominici; Dass. IV: Rom 1993, 64.

[12] Zu den Anfängen der Teutonia vgl. Tugwell, Simon: The evolution of Dominican structures of government II: The first Dominican provinces. In: Archivum Fratrum Praedicatorum 70 (2000) 5–109, hier 55–59, bes. 55: „... in 1221, rather more was envisaged than was actually, at first, achieved. The beginnings of the province of Germany, by contrast, seem to be entirely accidental."

[13] Vgl. Michelsen, A. L. J.: Legendarium des Dominikanerklosters Eisenach. In: Zeitschrift des Vereins für Thüringische Geschichte und Alterthumskunde 4 (1861) 361–394, hier 371–372; dt. Übersetzung bei Schmidt, Paul Gerhard: Milch und Esel: Demutsgesten in der Vita des Dominikaners Elger, Graf von Hohenstein. In: Walz, Dorothea (Hg.): Scripturus vitam. Lateinische Biographie von der Antike bis zur Gegenwart. Festgabe Walter Berschin zum 65. Geburtstag. Heidelberg 2002, 1025–1029, hier 1026f. Vgl. auch Zacke, A.: Ueber das Todten-Buch des Dominikaner-Klosters und die Prediger-Kirche zu Erfurt. Erfurt 1861, 31.

[14] „Fratres nostros proprios currus vel equos non habeant. nec eciam alienos in domibus suis detineant ..." Reichert, Benedictus M. (Ed.): Acta capitulorum generalium ordinis praedicatorum I: Ab anno 1220 usque ad annum 1303. (Monumenta ordinis fratrum praedicatorum historica 3) Rom 1898, 12; 15 gleicher Beschluß 1240 in Bologna. Ebd. 125 (1264 Paris): „Quicumque fratres equitaverint. vel currisaverint ... puniantur ..." Ähnliche Bestimmungen gab es später noch. Für 1337 vgl. Reichert, Acta II: Ab anno 1304 usque ad annum 1378. (Monumenta ordinis fratrum praedicatorum historica 4) Rom 1899, 247 Z. 35f.: „Quia multi equitando sine magna necessitate paupertatem nostram notabiliter deformeant, mandamus ..." – Irrtümlich verweist Ohler, Reisen 37, anstelle auf die Generalkapitelsakten 1239/40 auf die Konstitutionen von 1228.

[15] Vgl. Scheeben, Heribert Christian: Albert der Große: Zur Chronologie seines Lebens. (Quellen und Forschungen zur Geschichte des Dominikanerordens in Deutschland 27) Vechta-Leipzig 1931 19, 63. – Zu den Reisen eines weiteren bedeutenden Ordensmitglieds vgl. Reichert, Benedictus M.: Das Itinerar des zweiten Dominikanergenerals Jordanis von Sachsen. In: Ehses, Stephan (Hg.): Festschrift zum elfhundertjährigen Jubiläum des deutschen Campo Santo in Rom. Freiburg 1897, 153–160.

[16] „... qualiter intenti esse debeant in studio, ut de die, de nocte, in domo, in itinere legant aliquid vel meditentur ...“ Thomas, Antonin H.: De oudste constituties van de Dominicanen. (Bibliothèque de la Revue d'histoire ecclésiastique 42) Louvain 1965, 324 (Dist. I, cap. 13).

[17] Die neun Gebetsweisen des heiligen Dominikus. Dt. Text von Viktor Hofstetter. Genf 1987, 23. In der zugehörigen Illustration des Codex Rossianus der Vatikanischen Bibliothek wird Dominikus abgebildet, wie er vor oder neben einem Mitbruder geht.

[18] Vgl. Boyle, Leonard E.: „The ways of prayer of St Dominic“. Notes on Ms Rossi 3 in the Vatican Library. In: Archivum Fratrum Praedicatorum 64 (1994) 5–17, hier 11.

[19] Nicht behandelt z.B. in Erfen, Irene / Spiess, Karl-Heinz (Hg.): Fremdheit und Reisen im Mittelalter. Stuttgart 1997; Reichert, Folker: Erfahrung der Welt. Reisen und Kulturbegegnung im späten Mittelalter. Stuttgart 2001. – Knappe Erwähnung des Faktums, daß Bettelmönche reisten, bei Moraw, Peter: Reisen im europäischen Spätmittelalter im Licht der neueren historischen Forschung. In: Ertzdorff, Xenja von / Neukirch, Dieter / Schulz, Rudolf (Hg.): Reisen und Reiseliteratur im Mittelalter und in der Frühen Neuzeit. (Chloe 13) Amsterdam – Atlanta 1992, 113–139, hier 123. – Ausnahme ist das bereits mehrfach genannte Werk von Ohler, Reisen. Jaritz, Gerhard: Monastische Kommunitäten und räumliche Mobilität in Mittelalter und Frühneuzeit. In: Jaritz, Gerhard / Müller, Albert (Hg.): Migration in der Feudalgesellschaft. (Studien zur historischen Sozialwissenschaft 8) Frankfurt – New York 1988, 157–178, thematisiert 158 die Mendikanten so: Die Quellenlage erweist sich „für andere Gemeinschaften – etwa für die Bettelorden – besonders hinsichtlich des mittelalterlichen Materials häufig als derart desolat, dass nur spärlich Aussagen möglich erscheinen. Dies ist ein umso gravierenderes Defizit, als gerade mit den Bettelorden entscheidende allgemeine Veränderungen in der persönlichen Zusammensetzung monastischer Kommunitäten angenommen werden können und auch im grundsätzlichen Zusammenhang mit der Einstellung zur Stabilität auftreten.“

[20] Vgl. Elm, Kaspar: Termineien und Hospize der westfälischen Augustiner-Eremitenklöster Osnabrück, Herford und Lippstadt. In: Jahrbuch für westfälische Kirchengeschichte 70 (1977) 11–49; Sallaberger, Johann: Johann von Staupitz, der Abt von St. Peter (1522–1524) und die Salzburger Mendikantentermineien. In: Stimmen des Benediktinerordens und seiner Zweige 103 (1992) 87–188; Frank, Isnard W.: Das Totenbuch des Mainzer Dominikanerklosters. Kommentar und Edition. (Quellen und Forschungen zur Geschichte des Dominikanerordens NF 3) Berlin 1993, 116–121.

[21] Knapper Hinweis bei Ohler, Reisen 94.

[22] Vgl. Annales Erphordenses fratrum Praedicatorum a. 1220–1253. In: Holder-Egger, Oswaldus (Ed.): Monumenta Erphesfurtensia saec. XII. XIII. XIV. (Scriptores rerum germanicarum in usum scholarum ex Monumentis Germaniae historicis separatim editi 42) Hannover-Leipzig 1899, 72–116. Zu dem Werk vgl. Wattenbach, Wilhelm / Schmale, Franz-Josef: Deutschlands Geschichtsquellen im Mittelalter. Vom Tode Kaiser Heinrichs V. bis zum Ende des Interregnum. Von Franz-Josef Schmale unter Mitarbeit von Irene Schmale-Ott und Dieter Berg. Darmstadt 1976, 409: „Sicher ist aber der Hauptteil der Predigerannalen Eigengut, dessen reichen Nachrichten, natürlich nicht zuletzt über den Orden, die gute Nachrichtenübermittlung infolge der Organisationsform der Dominikaner zustatten kam ...“

[23] Vgl. zusammenfassend Frank, Isnard W.: Dominikanerorden. In: LThK3 3 (1995) 309–318, hier 313; 317 (Lit. zu den Dominikanern in verschiedenen Ländern und zur missionarischen Aktivität. Vgl. in Auswahl Altaner, Berthold: Die Dominikanermissionen des 13. Jahrhunderts. Forschungen zur Geschichte der kirchlichen Unionen und der Mohammedaner- und Heidenmission des Mittelalters. (Breslauer Studien zur historischen Theologie 3) Habelschwerdt/Schlesien 1924; Loennertz, Raimund: La société des frères pérégrinants. Étude sur l'orient dominicain. (Dissertationes historicae 7) Rom 1937; Müller, Anne: Bettelmönche in islamischer Fremde. Institutionelle Rahmenbedingungen franziskanischer und dominikanischer Mission in muslimischen Räumen des 13. Jahrhunderts. (Vita regularis 15) Münster 2002.

[24] Ripoll, Thomas / Bremond, Antonin (Ed.): Bullarium Ordinis Fratrum Praedicatorum I: Ab anno 1215 ad 1280. Rom 1729, 237 Nr. 311 (Cum hora undecima, hier Intitulatio).

[25] Vgl. Eubel, Konrad (Hg.): Die während des 14. Jahrhunderts im Missionsgebiete der Dominikaner und Franziskaner errichteten Bisthümer. In: Ehses, Festschrift 170–195.

[26] Vgl. Heimbucher, Max: Die Orden und Kongregationen der katholischen Kirche I. Paderborn 31933, 489.

[27] Ed. der Osterpredigt (18.4.1294) des „frater Ekhardus, lector sententiarum“ bei Kaeppeli, Thomas: Praedicator monoculus. Sermons parisiens de la fin du XIIIe siècle. In: Archivum Fratrum Praedicatorum 27 (1957) 120–167, hier 124f., 159–165. Vgl. Koch, Josef: Kritische Studien zum Leben Meister Eckharts I–II. In: Archivum Fratrum Praedicatorum 29 (1959) 5-51; 30 (1960) 5–52; hier I, 9; Sturlese, Loris (Hg.): Acta Echardiana I: Acta et regesta vitam mag. Echardi illustrantia. In: [Meister Eckhart: Die deutschen und lateinischen Werke. Die lateinischen Werke V, Stuttgart 1988, 149–193] Wysiwyg: //ausgabe 26/http/:www.eckhart.de/acta.htm [43 S.] Nr. 3–4, S. 4.

[28] Zum Studiengang Eckharts vgl. Trusen, Winfried: Der Prozeß gegen Meister Eckhart: Vorgeschichte, Verlauf und Folgen. (Rechts- und staatswissenschaftliche Veröffentlichungen der Görres-Gesellschaft NF 54) Paderborn 1988, 15–16; Frank, Isnard W.: Zur Studienorganisation der Dominikanerprovinz Teutonia in der ersten Hälfte des 14. Jahrhunderts und zum Studiengang des seligen Heinrich Seuse OP. In: Filthaut, Ephrem M. (Hg.): Heinrich Seuse. Studien zum 600. Todestag. 1366 – 1966. Köln 1966, 39–69.

[29] Zit. Koch, Studien I, 11, 9. Lat. Text („Et Albertus sepe dicebat. Hoc scio sicut scimus, nam omnes parum scimus.“) bei Kaeppeli, Praedicator monoculus 162. Für Eckharts persönliche Kenntnis Alberts plädiert z.B. Sturlese, Loris: Meister Eckhart: Ein Porträt. (Eichstätter Hochschulreden 90) Regensburg 1993, 6.

[30] Vgl. Koch, Studien I, 39. Hypothese z. B. formuliert bei Koch, Heinrich Hubert: Das Dominikanerkloster zu Frankfurt am Main. 13. bis 16. Jahrhundert. Freiburg/Br. 1892, 69f., 145f.

[31] Vgl. Koch, Studien I, 15f.; 16 Anm. 36 zu den damaligen Konventen der natio.

[32] Meister Eckhart: Die deutschen und lateinischen Werke. Die deutschen Werke V: Meister Eckharts Traktate. Hg. von Josef Quint. Stuttgart 1963 [= DW V], 185, 1–6; vgl. ebd. 148, 168. Zit. z.B. auch bei Enders, Markus: Die Reden der Unterweisung: Eine Lehre vom richtigen Leben durch einen guten und vollkommenen Willen. In: Jacobi, Meister Eckhart, 69–92, hier 69; 70 zum Sitz im Leben, „abendliche(n) Lehrgespräche(n) zwischen Eckhart als dem Prior des Predigerklosters in Erfurt und den ihm anvertrauten Mönchen“. Zu den Kollationen vgl. auch die ältesten Konstitutionen bei Jordan von Sachsen, Ordensmeister 254 Nr. 9a.

[33] Vgl. Trusen, Prozeß 16.

[34] Koch, Studien I, 16.

[35] Vgl. Koch, Studien I, 17.

[36] Vgl. den Hinweis bei Ruh, Kurt: Geschichte der abendländischen Mystik IIII: Die Mystik des deutschen Predigerordens und ihre Grundlegung durch die Hochscholastik. München 1996, 111.

[37] Vgl. Koch, Studien I, 27 (Provinzkapitel), 24–25 (Schreiben Eckharts an den Göttinger Magistrat).

[38] Vgl. Koch, Studien I, 21 (Generalkapitel), 23.

[39] Vgl. Koch, Studien I, 21 mit Anm. 56–23. Vgl. auch Koudelka, Vladimir J.: Zur Geschichte der böhmischen Dominikanerprovinz im Mittelalter I: Provinzialprioren, Inquisitoren, Apost. Pönitentiare. In: Archivum Fratrum Praedicatorum 25 (1955) 75–99, hier 77.

[40] Ruh, Kurt: Meister Eckhart: Theologe, Prediger, Mystiker. München 21989, 27.

[41] Vgl. Senner, Walter: Meister Eckhart in Köln. In: Jacobi, Meister Eckhart 207–235, hier 207–210, 234; Ders.: Rhineland Dominicans, Meister Eckhart and the Sect of the Free Spirit. In: Greatrex, Joan (Ed.): The Vocation of Service to God and Neighbour. Essays on the Interests, Involvements and Problems of Religious Communities and their Members in Medieval Society. Selected proceedings of the International Medieval Congress University of Leeds 14–17 July 1997. Turnhout 1998, 121–133, hier 128. Dagegen Trusen, Winfried: Meister Eckhart vor seinen Richtern und Zensoren. Eine Kritik falsch gedeuteter Redesituationen. In: Jacobi, Meister Eckhart 335–352, hier 337f.

[42] Vgl. Trusen, Prozeß 62, 63; zum Prozeß in Köln vgl. ebd. 62–108.

[43] Vgl. Senner, Meister Eckhart 232–234; Trusen, Meister Eckhart 344; Miethke, Jürgen: Der Prozeß gegen Meister Eckhart im Rahmen der spätmittelalterlichen Lehrzuchtverfahren gegen Dominikanertheologen. In: Jacobi, Meister Eckhart 353–375, hier 374. – Todesdatum 28.1. (ohne Jahresangabe) wohl korrekt überliefert in der dominikanischen Tradition; vgl. Steill, Friedericus: Ephemerides Dominicano-sacrae = Das ist Heiligkeit und Tugendvoller Geruch Der auß allen Enden der Welt zusammen getragenen Ehren-Blumen deß Himmlisch-fruchtbaren Lust-Gartens Prediger-Ordens I. Dillingen 1691, 179. Im päpstlichen Schreiben an den Erzbischof von Köln vom 30.4.1328 wird Eckhart als „quondam“, also als verstorben bezeichnet; vgl. Kaeppeli, Thomas: Kurze Mitteilungen über mittelalterliche Dominikanerschriftsteller. In: Archivum Fratrum Praedicatorum 10 (1940) 282–296, hier 294.

dieses Dinges Bild, und dies ist ihm um so stärker gegenwärtig, je mehr die Liebe stärker und stärker wird. Ein solcher Mensch sucht

Albertus Magnus ... Seniorenresidenz am Dom, ehemaliger Standort des Dominikanerklosters ... Dominikanerkloster Hl. Kreuz

Köln : August 2003 : Dominikanerkloster Sankt Andreas ... Grab des Albertus Magnus ... Sakristei

Der Ketzerei angeklagt

1323 oder 1324 schickte die Ordensleitung Eckhart nach Köln, der größten und bedeutendsten Stadt des deutschen Reiches. Hier war seit 1248 das Generalstudium der Teutonia ansässig. Obwohl es keinen Nachweis für die Berufung Eckharts gibt, gilt es als wahrscheinlich, dass er Leiter des Generalstudiums wurde. Seine Kölner Predigten bezeugen, dass er in der Seelsorge wirkte und sich mit freigeistigen Vorstellungen auseinander setzte.

Bei einer auf päpstliche Weisung erfolgten Visitation des Klosters wurde Eckhart 1326 von gemaßregelten Mitbrüdern denunziert. Der päpstliche Vikar sprach ihn jedoch von allen Vorwürfen frei. Bald darauf zeigten ihn wiederum Mitbrüder beim Erzbischof an, der dazu aufgerufen hatte, alle der Häresie Verdächtigen zu melden. Wenig später ließ der Bischof ein Verfahren gegen Eckhart eröffnen, in dem es um eine Anklage seiner Person wegen Ketzerei ging, bei deren Erfolg Eckhart der Tod auf dem Scheiterhaufen drohte.

Dennoch versuchte Eckhart die von den Anklägern vorgelegten Auszüge aus seinen Schriften als rechtgläubig zu erläutern. Nach einer Appellation an den Papst widerrief er im Februar 1327 alle Häresien, die er eventuell geschrieben oder gepredigt habe, um einer Verurteilung als hartnäckiger Ketzer zuvorzukommen. Nachdem die Kölner Richter die Appellation abgelehnt hatten, begab er sich nach Avignon um dort um Berufung nachzusuchen.

erfaßt, denn sie in sich selbst sind. Traun, dazu gehört Eifer und Hingabe und ein genaues Achten auf des Menschen Inneres und ein

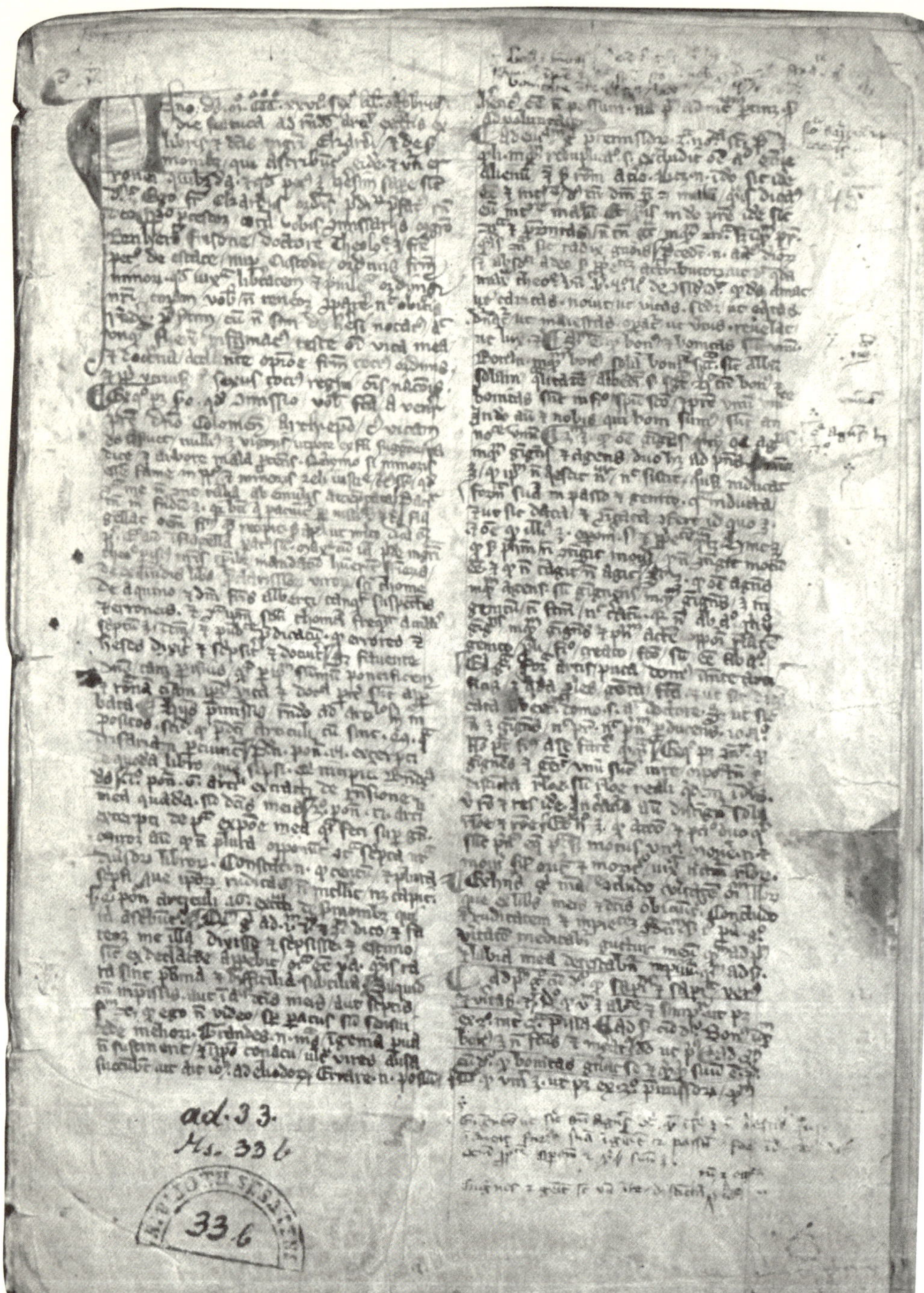

Die im Soester Dominikanerkloster überlieferten Akten des Kölner Prozesses gegen Eckhart enthalten zwei der von den Anklägern zwischen dem 1. August 1325 und dem 26. September 1326 vorgelegte Listen mit Sätzen, die Eckharts Werken entnommen wurden und seine Stellungnahmen zu diesen.

Akten des Kölner Inquisitionsprozesses gegen Meister Eckhart, sog. Rechtfertigungsschrift. Pergamenthandschrift, England, Frankreich, Deutschland, 13./14. Jahrhundert, Soest, Stadtarchiv und wissenschaftliche Stadtbibliothek, Cod. 33, f. 45r.

Köln : August 2003

Städtische und ordensinterne Konflikte

Dass die Ordensleitung Eckhart zum Leiter des Generalstudiums ernannte, scheint vor dem Hintergrund seiner akademischen Karriere folgerichtig. Vielleicht sollte er aber auch die Seelsorgearbeit des Konvents visitieren. Immerhin hatten sich viele der etwa 99 Beginenkonvente in den Straßen rund um das Dominikanerkloster St. Andreas angesiedelt und galt Köln als ein Zentrum freigeistiger Männergemeinschaften, mit deren Lehren sich Eckhart während seines Aufenthaltes in der Stadt auseinander setzte. Wie zuvor in Straßburg spitzte sich auch hier die Lage im Grenzbereich zwischen Cura monialium, Beginenseelsorge und Freigeisterei zu. 1326 ließ der Erzbischof den Führer einer freigeistigen Sekte verbrennen.

In Straßburg hat es Angriffe aus dem Weltklerus gegen Eckhart gegeben, die jedoch weder von bischöflicher noch von Ordensseite verfolgt wurden. Die Anzeige wegen Häresie die zur Eröffnung des Ketzerprozesses führte, lieferten nun aber zwei Mitbrüder Eckharts, die auch die Anklage führten. Der Vorwurf der Häresie ging nicht auf Lehrdifferenzen zurück, sondern war unfaires Mittel in einer innerdominikanischen Auseinandersetzung um die Einhaltung der Ordensobservanzen, Armut, Keuschheit und Gehorsam. Übertretungen der Observanzen und andere Missstände hatten den Papst im Sommer 1325 in die Ordensangelegenheiten eingreifen und Vikare zur disziplinären Visitation der teutonischen Klöster bestimmen lassen.
1326 folgten die Absetzung des Provinzials und weitere Maßregelungen. Die wenig später einsetzenden Angriffe der gemaßregelten Befürworter gelockerter Ordensobservanzen galten den wichtigsten Vertretern einer Ordensreform Eckhart, dem neuen Provinzial und dem päpstlichen Vikar.

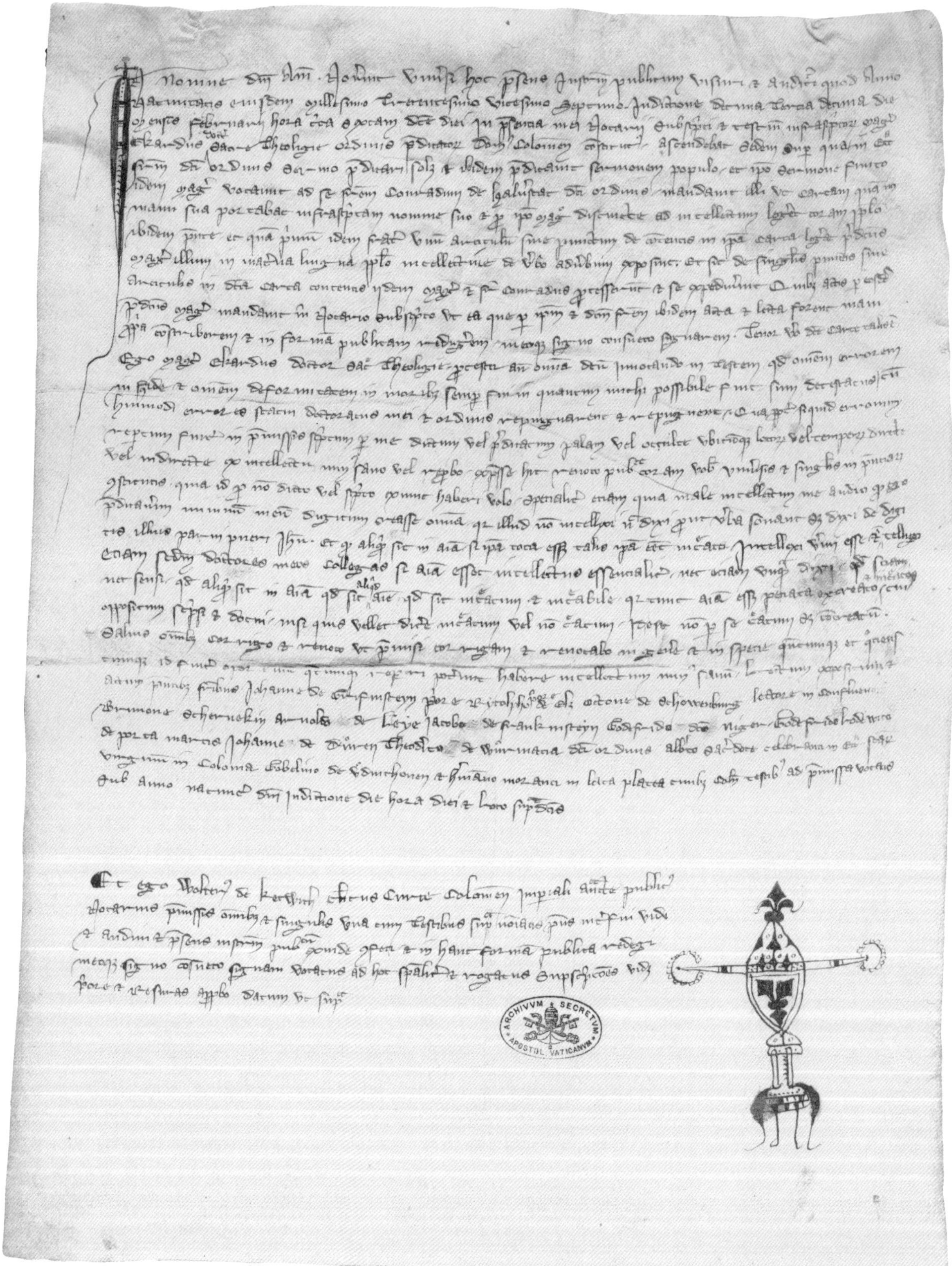

Nach einer in der Kirche der Dominikaner gehaltenen Predigt ließ Eckhart seinen Sekretär, Konrad von Halberstadt eine Erklärung verlesen, in der er alle eventuellen Glaubensirrtümer widerrief. Im Anschluss daran übersetzte Eckhart die Erklärung in die Volkssprache.

Notarielles Protokoll einer Erklärung Meister Eckharts, Köln, 13. Februar 1327. Faksimile des Protokolls, Rom, Arch. Vaticano, A.A., arm. C., n. 1123.

Erkennende Freiheit und ein ruhiges Herz. Zum Werk Meister Eckharts

Udo Kern

Was wollte der Meister aus Thüringen? Worum ging es ihm? Was prägte sein Denken? Eckhart geht es zum einen um das Leben. In einer Predigt sagte er: Ich lebe gerne, ich will dem Leben entsprechen. Was aber ist das Leben? Das Leben ist Leben. Dem Leben muss man gerecht werden. Das Leben quillt aus einem eigenen Grund. Das, was Leben ist, muss jedoch genauer bestimmt werden, denn es geht um das wirkliche Leben, das Leben, das Leben ist. Für Eckhart ist das wirkliche Leben axiomatisch so zu definieren: „Gottes Sein ist mein Leben." Was heißt das? Wie aus Gott das Leben aus dem Inneren herausquillt, so sollte es auch in dem Menschen sein, der auf Gott konzentriert ist. Aus dem Inneren heraus quillt das gottgeschenkte Leben.

Nimm dich nachdem, was du in Gott bist, dann erreichst du das Ziel des Lebens, schreibt Meister Eckhart. Entscheidend ist, dass wir uns wirklich nach dem nehmen, was wir in Gott und zwar in dem wirklichen, in dem – so Eckhart – wesentlichen Gott sind. Wir sollen uns nicht abgeben mit Konstruktionen des eigenen Ichs, die wir als Gott ausgeben. „Fürwahr, uns fehlt nichts als ein wahrer", ein wesentlicher, wissender „Glauben" – sagt Eckhart. Dieser wesentliche Glaube ist frei von allen Zwecken. Er behandelt Gott nicht so, wie manche Menschen Gott gebrauchen, nämlich utilitaristisch für den eigenen Zweck. Etliche Leute wollen mit Gott umgehen wie mit einer Milchkuh, das heißt um äußeren und inneren Nutzens willen. Nichts von Gott haben diese Leute begriffen.

Nur wer es wirklich mit dem wesenhaften Gott zu tun bekommt, dem wird der eine Grund des Lebens geschenkt, von dem kann man dann sagen: Wer da in Gott wohnt, der hat gute Wohnung gefunden. Um das Leben nicht zu verfehlen, ist es erforderlich, den einen Grund des Lebens zu erkennen. Das macht Eckhart mit komplizierten insbesondere (neu)platonischen philosophischen Argumentationen und Konstruktionen deutlich. Konzentration auf den Einen, auf das einfältige Eine, das ist das Unerlässliche. Wir Menschen sind nicht das einfältige Eine, wir Menschen sind Pluralität, sind Mannigfaltigkeit, Vielheit. Geben wir unsere Pluralität als das eine Eine aus, verderben wir unser Menschsein.

Es kommt darauf an, dass wir dem einen grundlosen Grund nachjagen. Gott, dieser eine grundlose Grund, ist – wie Eckhart schreibt – Vater und Mutter aller Dinge. Er ist der Geber des Seins. Alles Sein verdankt sich diesem einen Sein. Eckhart unterscheidet philosophisch zwei Arten von Sein, ein absolutes Sein und ein sekundäres Sein. Das absolute Sein ist Sein gebendes Sein. Das sekundäre Sein ist Sein empfangendes Sein, hat jedoch formale Gestaltungswirklichkeiten hinsichtlich des Hier und Jetzt. Wir als Kreatur sind Sein empfangendes Sein. Der Mensch ist ontologisch ein passives, präziser: ein rezeptives Wesen. Wenn er das begriffen hat, dann hat er auf den Grund geschaut, dann hat er nach Eckhart bis zu ende gedacht.

Wer den einen Grund, wer Gott konzentriert denkt, darf nicht mit der Kreatur beginnen. Vom esse rerum, vom Sein der Dinge, aus zu Gott zu kommen, das ist für Eckhart schlimmste Infragestellung, weil Verfehlung Gottes. Das ist nicht Gott, sondern das bin ich, das endliche raumzeitliche Geschöpf mit meinen Eigenem, Konstruktionen und Machenschaften.

Das Sein, so sagt Eckhart, ist nur der Vorhof Gottes. Der Tempel Gottes ist das Erkennen Gottes. Der Mensch vermag in höchster Weise mit der Vernunft dem einen Grund nachzudenken. Die Vernunft dringt in den Grund ein. Eckhart unterscheidet zweierlei Arten von Vernunft: 1. eine natürliche Vernunft, die dem Menschen gegeben ist, damit er kausal das Innerweltlich-Seiende bestimmen kann und 2. eine gnadenhafte Vernunft, die auf den grundlosen Grund als leere Möglichkeit orientiert, die uns im Erkennen mit Gott verbindet.

Für Eckhart gibt es keinen Gegensatz zwischen philosophischem und theologischem Denken, denn Denken, wenn es tatsächlich Denken ist, dann ist es der einen Wahrheit verpflichtet. Wo und wann auch immer die Wahrheit gedacht wird, dort ist die Wirklichkeit des Einen, die Wirklichkeit Gottes zugegen. So suchen Aristoteles und die antike Philosophie, Judentum und Islam und natürlich in besonders profilierter Weise das Christentum diese eine Wahrheit. Entscheidend ist, ob man dieser einen Wahrheit entspricht.

Wer denkt, wer das intelligere betreibt, der ist in eine grenzenlose Offenheit und Weite hineingestellt. Aber so hoch das intelligere, das Denken, das Erkennen auch den Menschen in seinem Menschsein bestimmt, darf das nicht missverstanden als ein abs-trahere, ein Losreißen vom Leben. Eckhart sagt: „Ein Lebemeister ist mehr Wegweiser als tausend Lesemeister." Wer konzentriert den einen Grund denkt, der wird in Konsequenzen, in Folgen gesetzt. Strenge Implikationen ergeben sich aus der Erkenntnis des Einen. Es folgt einmal, dass das Gute, die Wahrheit, die Gerechtigkeit Orientierung für den Menschen sind. Wer an Gott den Guten, den Gerechten, den Weisen glaubt, den Einen erkennt, der ist eben orientiert auf Gutheit, Weisheit, Gerechtigkeit usw.

Insbesondere wird man dem einen Grund in seinen Konsequenzen gerecht, wenn man der geistlichen Armut verschrieben ist. In einer Predigt sagt Eckhart: „Das ist ein (sc. geistig) armer Mensch, der nichts will und nichts weiß und nichts hat." Das bedeutet nicht die grundsätzliche Infragestellung von Wollen, Wissen und Haben. Es besagt aber, dass das Eigentliche in diesen nicht gefunden wird. Daher „lässt" der

ergreifen und den kraftvoll in einer wesenhaften Weise in sich hineinbilden zu können. Vergleichsweise so wie einer, der schreiben

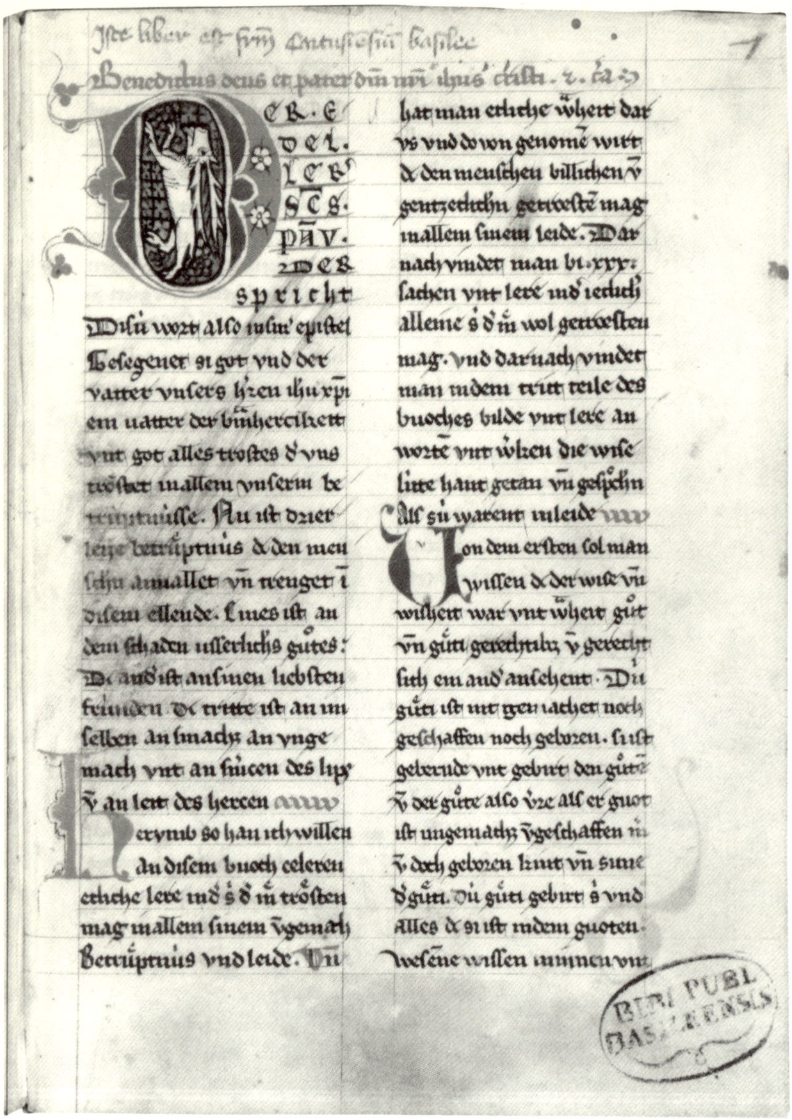

Das „Buch der göttlichen Tröstung“ entstand während des Aufenthaltes Eckharts in Straßburg. Thema des Trostbuches ist das Leid, der Umgang des Menschen mit diesem und das Verhältnis des Menschen zu Gott sowie die Essenz, dass wahrer Trost nur bei Gott zu finden sei.

Meister Eckhart: „Das Buch der göttlichen Tröstung“. Pergamenthandschrift, 14. Jahrhundert, Basel, Öffentliche Bibliothek der Universität, B IX 15, f. 1r.

Arme diese. Denn er erkennt, dass Eigentliche vom einen Einen gegeben wird.

Wer dem Einen nachdenkt, der wird in fruchtbare Gelassenheit gestellt und zwar ontologisch in seinem Sein, epistemologisch in seinem Erkennen und moralisch in seinem Handeln. Wer aus dem einen Grund lebt, der begreift sein Dasein aus diesem einen Grund und wird auf Ruhe hin entworfen. Eckhart fragt in einer Predigt: Warum suchen alle Kreaturen Ruhe? Das liegt daran, so antwortet er, dass die Menschen von ihrem Schöpfer auf Ruhe hin geschaffen sind. Darum gehört es zur Existenz, zum Dasein des Menschen, dass der Mensch natürlicher Weise auf Ruhe aus ist. In der Stille und in der Ruhe spricht Gott in der Seele. Menschen werden durch Gott in Ruhe versetzt. Ihnen wird in dieser Konzentration, wie Eckhart schreibt, ein ruhiges Herz gegeben.

Das Dasein aus dem einen Grund gibt den Menschen ledige Freiheit. „Gott kommt in die Seele mit rechter Freiheit.“ Freiheit verdankt sich nach Eckhart ausschließlich Gott. Sie ist im Wesen Gottes begründet. „Gott sucht das Seine nicht; in allen seinen Werken ist er ledig und frei und wirkt sie aus rechter Liebe. Also tut auch der Mensch, der mit Gott vereint ist; der steht auch ledig und frei in allen seinen Werken und wirkt sie allein Gott zu Ehren und sucht das Seine nicht, und Gott wirkt es in ihm.“ Gott gebiert ledige Freiheit. Freiheit hat ihr Wesen aus dem einen Grund. Gott setzt den Menschen in Freiheit, und du Mensch bist dann Gott gemäß, wenn du Gott getreu in Freiheit lebst, in einer produktiven Freiheit, die das Tun der Liebe impliziert.

Der in der fruchtbaren Freiheit qua Gottesgeburt lebende Mensch setzt sein Leben nicht auf ein Haben, nicht auf Kaufmannschaft. Im Modus des Habens verkommt das Leben, gedeiht dessen Destruktion. Vielmehr gilt: „Die Leute brauchten nicht so viel zu gedenken, was sie täten; sie sollten vielmehr bedenken, was sie wären. Wären nun die Leute gut und ihre Weise, so könnten ihre Werke leuchten. Bist du gerecht, so sind auch deine Werke gerecht. Nicht gedenke man Heiligkeit zu setzen auf ein Tun; ma soll Heiligkeit setzen auf ein Sein. ... Wie heilig die Werke immer auch sein mögen, sie heiligen uns ganz und gar nicht ..., sondern soweit wir heilig sind und Sein haben, so weit heiligen wir alle unsere Werke, es sei Essen, Schlafen, Wachen oder was immer es sei. Die nicht großen Seins sind, welche Werke die [auch] wirken, da wird nichts daraus“, heißt in Eckharts Erfurter „rede der unterscheidungen“. Nicht hast du was, dann bist du was, sondern bist du Mensch, dann bist du was – lautet Eckharts Plädoyer für das Menschsein des Menschen.

Der Mensch, der von dem einen Grunde her lebt, ist auf das Glück, auf beatitudo (Glückseligkeit) hin orientiert. Das Glück, so definiert Eckhart, besteht im Wissen und Erkennen des einen Grundes. Der Mensch ist deswegen das einzige Lebewesen, welches das Glück kennt, weil er um diesen einen Grund weiß. Eckhart sagt, wüßte ein Holzstück auch darum, dann würde es ebenso selig sein wie die Engel im Himmel; aber es weiß nicht darum. Es kommt darum darauf an, dass unser Erkennen auf diesen einen Grund gerichtet wird, auf den wesenhaften Gott, der den Menschen zuteil wird in der Gottesgeburt in der Seele.

Damit sind wir bei dem zentralen Gedanken Meister Eckharts. Meister Eckhart fragt: Wie kann denn der Mensch Gott erkennen? Wir Menschen sind durch Vielheit gekennzeichnet, wir sind nicht Gott, wir sind unterschieden von dem Einen. Eckharts Denken ist hier beeinflußt von einem erkenntnistheoretischen antiken Axiom, das von Empedokles und Aristoteles formuliert worden ist. Das besagt nämlich: zur Erkenntnis kann es nur kommen, wo Gleiches durch Gleiches erkannt wird. Wir Menschen als Kreaturen können also nur Kreatürliches erkennen. Wie jedoch können wir den Einen erkennen? Wir können es nicht durch uns selbst, sondern Gott muß in unserer Seele sich selbst durch sich selbst erkennen geben. Die Gottesgeburt in der Seele, wo der Mensch zum Sohn wird, ist der Ort, in dem Gott wirkt, dass Gott durch Gott erkannt werden kann. Indem wir unsere Gottesbilder radikal in Frage stellen, indem wir selbst von Gott lassen, kann Gott wie auf einer leeren Tafel in unserem Innern produktiv schreiben. Und Gott gebiert mit Lust und Freude in unserem Innern. Der Mensch, der durch die Gottesgeburt geprägt ist, ist angesteckt von dieser Lust und Freude. Er hat eben wie Meister Eckhart Lust zum Leben. Dieses stellt sich ein, wo wir auf den Sohn hören. Der auf den Logos, auf den Sohn, auf das Wort Hörende – das ist der homo beatus, das ist der glückselige Mensch.

Gotterkennen heißt für Meister Eckhart, in den Frieden zu laufen, im Frieden zu sein. „Nun", so schreibt er, „erkennt die Seele Gott am allereigentlichsten, ... wenn sie im Frieden steht." „Was aus Gott geboren ist, dass sucht den Frieden und läuft den Frieden." Im-Einen-sein und In-Gott-sein und Im-Frieden-sein bedingen einander. Man soll laufen in den Frieden. Gott sagt: „Man soll versetzt werden und hinein gestoßen werden in den Frieden und soll enden im Frieden." Der himmlische Mensch, das ist der Mensch, der in den

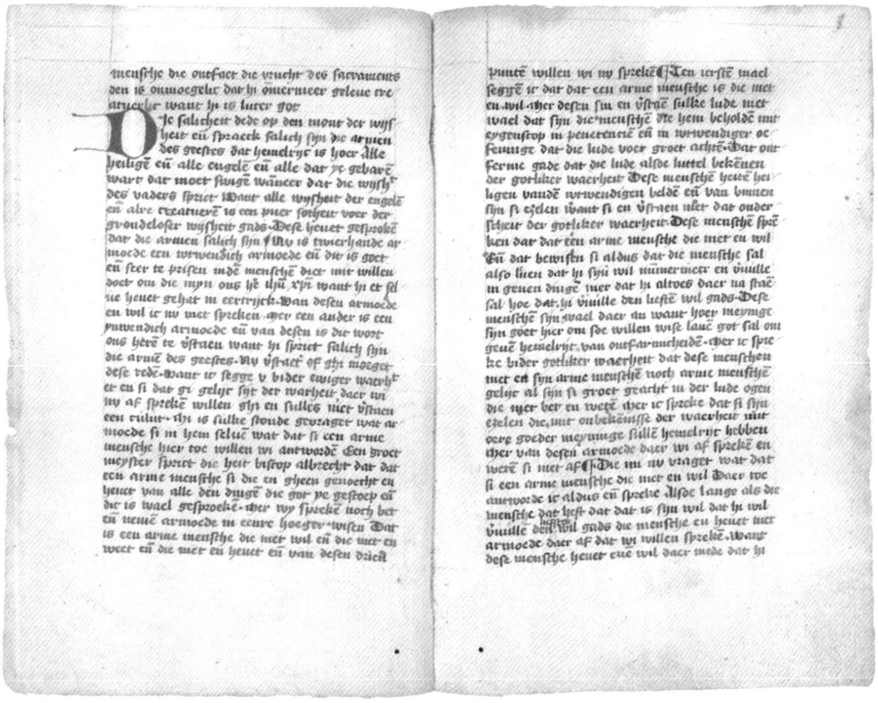

In seiner bekanntesten Predigt entwirft Eckhart unter dem Vers „Seelig sind, die arm sind im Geiste." (Matthäus 5) seine Theorie der Armut, in der es ihm nicht um die Praktizierung der äußeren Armut, sondern um eine innere Armut geht, die er in der Gemeinsamkeit des „Nichts Wollens", „Nichts Wissens" und „Nichts Habens" sieht.

Meister Eckhart: Predigt „Beati pauperes spiritu" (Predigt 52). Papierhandschrift, 15. Jahrhundert, Berlin, Preußischer Kulturbesitz, Handschriftenabteilung der Staatsbibliothek, Ms. germ. quart. 1084, 7v/8r.

Frieden läuft, denn – so Meister Eckhart –: Der Himmel läuft beständig den Frieden. Darum sollte der Mensch „ein Gesicht des Friedens" sein.

1978 fand in Erfurt ein internationaler Eckhart Kongreß anlässlich des 650. Todestages von Meister Eckhart statt. Dort wurde vielleicht etwas überschwänglich Eckhart „der Heilige einer weltweiten Ökumene" genannt. Eckhart sagt: „Der in allen Stätten da heime ist, der ist Gottes würdig." Vielleicht ist das Wort von dem Heiligen einer weltweiten Ökumene in Bezug auf Eckhart tatsächlich präzise, denn sein weites Denken atmet diesen wahrhaft ökumenischen Horizont. Für Eckhart ist der Glaubende der Erkennende, der auf ein unbegrenztes Feld des Lebens und Erkennens gestellt ist.

Was bringt die Beschäftigung mit dem Thüringer Meister, mit dem Meister aus Erfurt? Was kann sich sozusagen als Gewinn einstellen? Gegründete, das Außen bestimmende Innerlichkeit macht den Ertrag des Werkes von Meister Eckhart aus. Diese produktive Innerlichkeit gedeiht qua Gottesgeburt in der Erkenntnis des Einen, des einen grundlosen Grundes. Sie gebiert Lust am Leben und Glück. Offenheit und Weite, ledige Freiheit stellen sich ein, ebenso Liebe und Gelassenheit. Der Mensch wird zu einem Gesicht des Friedens. Er entdeckt sich im Modus des Seins und kehrt sich ab von den Versklavungen der Kaufmannschaft, von dem Modus des Habens. Wahrheit und Gutheit prägen. Erkennende Freiheit schafft ein ruhiges Herz.

Ich will schließen mit einem Wort Meister Eckharts, das die Mitte seines Denkens anzeigt: „Lausche auf das Wunder, wie wunderbar, draußen stehen und drinnen. Begreifen und umgriffen werden, schauen und das Geschaute selbst sein, halten und gehalten werden – das ist das Ziel, wo der Geist in Ruhe verharrt, in der Einheit mit der lieben Ewigkeit."

auch werde und wie unmöglich es ihn dünke: will er's nur fleißig üben und oft, so lernt er's doch und eignet sich die Kunst an. Fürwahr,

Rue Victor Hugo =
ehemaliger Standort des Dominikanerklosters

Avignon : August 2003 : Künstlerviertel ... Rhone

Auf dem Acker des Herrn

Eckhart wurde vom Provinzial und drei Lektoren nach Avignon begleitet, wo die Kurie den Prozess nach der Annahme der Appellation weiterführte. Dieser Prozess war nicht mehr wie der Kölner ein Inquisitionsprozess, vielmehr ein durchaus übliches Lehrverfahren, bei dem nicht die Person vor Gericht stand, sondern die Rechtgläubigkeit ihrer Aussagen. Eine Theologenkommission stufte 28 der Kölner Sätze als häretisch ein. Eckhart widerrief nach einer Stellungnahme die angeführten Sätze und alle Äußerungen, die missverständlich gedeutet werden könnten. Dass er die Gefahr von Missdeutungen lange zuvor gesehen hatte, beweist u.a. seine Einleitung in das „Opus tripartitum", aber auch, dass er von der Rechtgläubigkeit seiner Lehre tief überzeugt war.

Eckhart starb vermutlich Anfang 1328 im Predigerkloster in Avignon. Der Prozess wurde erst nach seinem Tode mit dem Vorwurf beendet, er habe mehr wissen wollen, als sich gebühre und seine Predigten seien geeignet gewesen, den Glauben des einfachen Volkes zu vernebeln. Die Bulle vom 27. März 1329, die mit den Worten „Auf dem Acker des Herrn" beginnt, stufte 17 Sätze aus Eckharts Werken als häretisch ein, 11 weitere wurden als „übel klingend" und missverständlich bezeichnet. Die Schriften, die die verworfenen Sätze enthielten, wurden verboten. Ob Eckhart, wie nach anderen Lehrverfahren üblich, weiter hätte lehren und predigen dürfen, ist fraglich, aber nicht auszuschließen.

Papst Johannes XXII. befahl Mitte April 1329 dem Kölner Erzbischof, die Bulle „In agro dominico“ in seiner Erzdiözese, dem ersten Gerichtsstand des Verfahrens gegen Eckhart, zu veröffentlichen.

Abschrift eines Briefes Johannes XXII. an Heinrich II. von Virneburg, Kölner Erzbischof, Avignon, 30. April 1328. Faksimile der Abschrift, Rom, Arch. Vaticano, Reg. Vat. 114, f. 298r.

Avignon : August 2003 : Papstpalast ... Nordseite des Petit Palais

Spuren eines Gottsuchers

Nach dem Erscheinen der Bulle distanzierte sich der Orden nicht ausdrücklich von Eckhart, doch wurden deren Anweisungen befolgt und Eckharts Werke nicht im Katalog der Ordensgelehrten verzeichnet. Das 1328er Generalkapitel verbot, in Predigten vor dem einfachen Volk feinsinnige Fragen zu behandeln, die leicht zu Irrtümern führen könnten. Anhänger Eckharts und Verfechter der Observanzen in der Teutonia wurden durch Vikare des Ordensgenerals von ihren Ämtern enthoben. Heinrich Seuse, Mitbruder und Schüler Eckharts, verlor sein Lektorenamt, weil er in seinem „Büchlein der ewigen Weisheit“ dessen Lehre verteidigte. Auf dem folgenden Generalkapitel wurde Heinrich de Cigno abgesetzt, der Provinzial, der Eckhart unterstützt und nach Avignon begleitet hatte.

Anhänger Eckharts versuchten dennoch dessen Werke zu sammeln. Die deutschen Predigten wurden anonym in vielen Abschriften verbreitet. Sein lateinisches Werk, dass nur in wenigen Handschriften erhalten ist, geriet bis zum Ende des 19. Jahrhunderts weitgehend in Vergessenheit. Wenn auch bruchstückhaft und nicht offiziell, wurden Eckharts Gedanken bis dahin doch weitergetragen und finden sich u.a. in den Werken von Jacob Böhme, Franz von Baader und Friedrich Hegel, später bei Martin Heidegger, Ernst Bloch, Paul Celan und Erich Fromm. Zu Beginn des 20. Jahrhunderts setzte eine Eckhart-Renaissance ein, die eine wahre Flut wissenschaftlicher und populärer Literatur, darunter auch Missdeutungen der Person und des Werkes Eckharts wie durch den Nationalsozialisten Alfred Rosenberg, hervorbrachte.

Auch am Beginn des 21. Jahrhunderts bieten Leben und Werk Eckharts Theologen, Philosophen, Sprachwissenschaftlern und Historikern eine unerschöpfliche Quelle der wissenschaftlichen Auseinandersetzung. Inwiefern Eckharts Gedanken in unserer Gesellschaft und für unser heutiges Leben Anregung, Quelle, Spiegel sein können, kann wohl nur jeder Einzelne für sich selbst entscheiden.

genügt es völlig zu wissen, daß er seine Kunst betätigen will; und wenn er auch nicht beständig bewußt dabei ist, so vollführt er sein

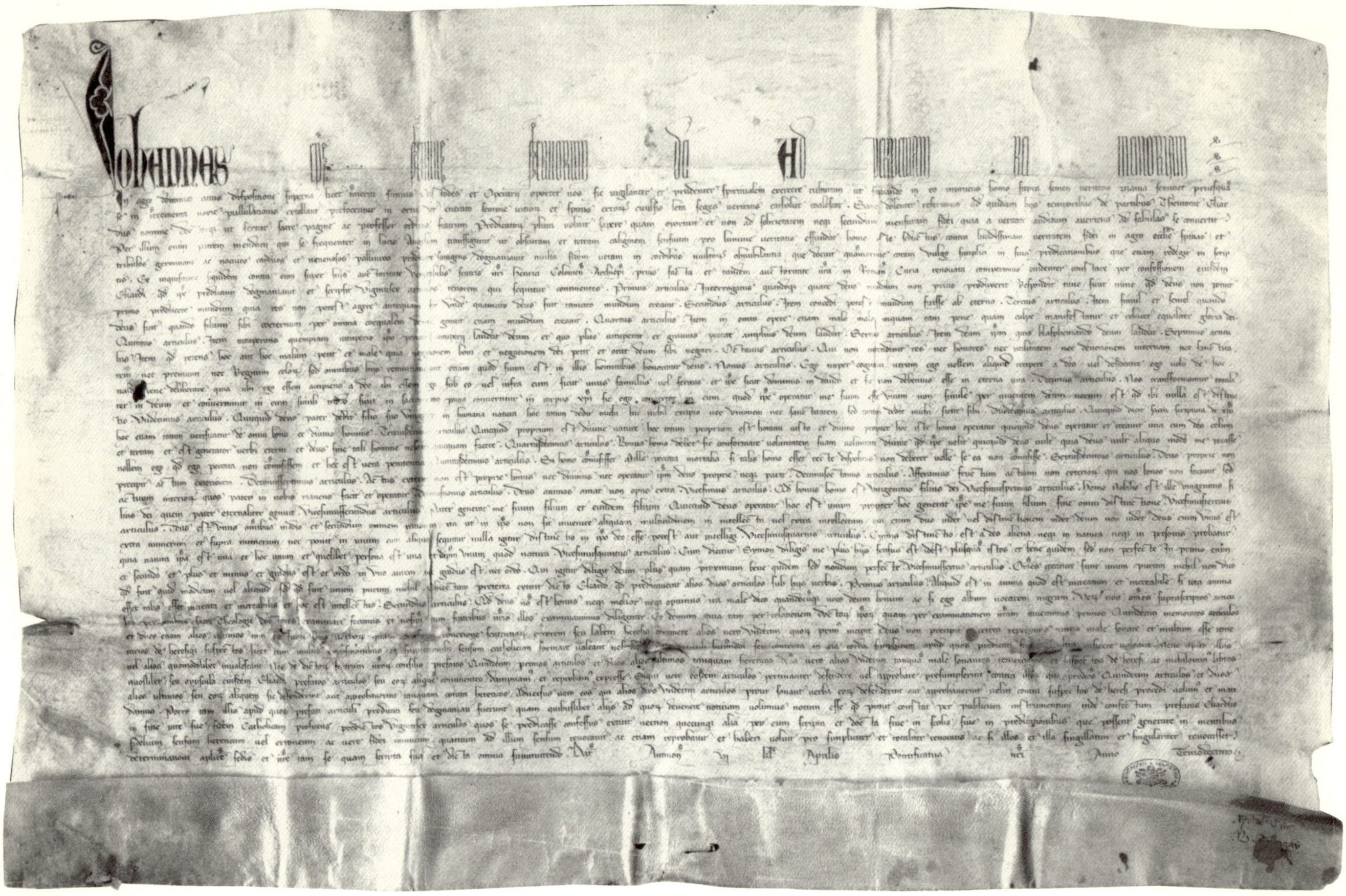

Papst Johannes XXII. veröffentlichte Ende März 1329, mehr als ein Jahr nach dem Tod Eckharts, die Bulle „In Agro Dominico“, in der 28 Sätze Eckharts verworfen wurden.

Bulle „In agro dominico“, Avignon, 27. März 1329. Faksimile der Pergamenturkunde, Rom, Arch. Vaticano, A.A. arm. I–XVIII, n. 3226.

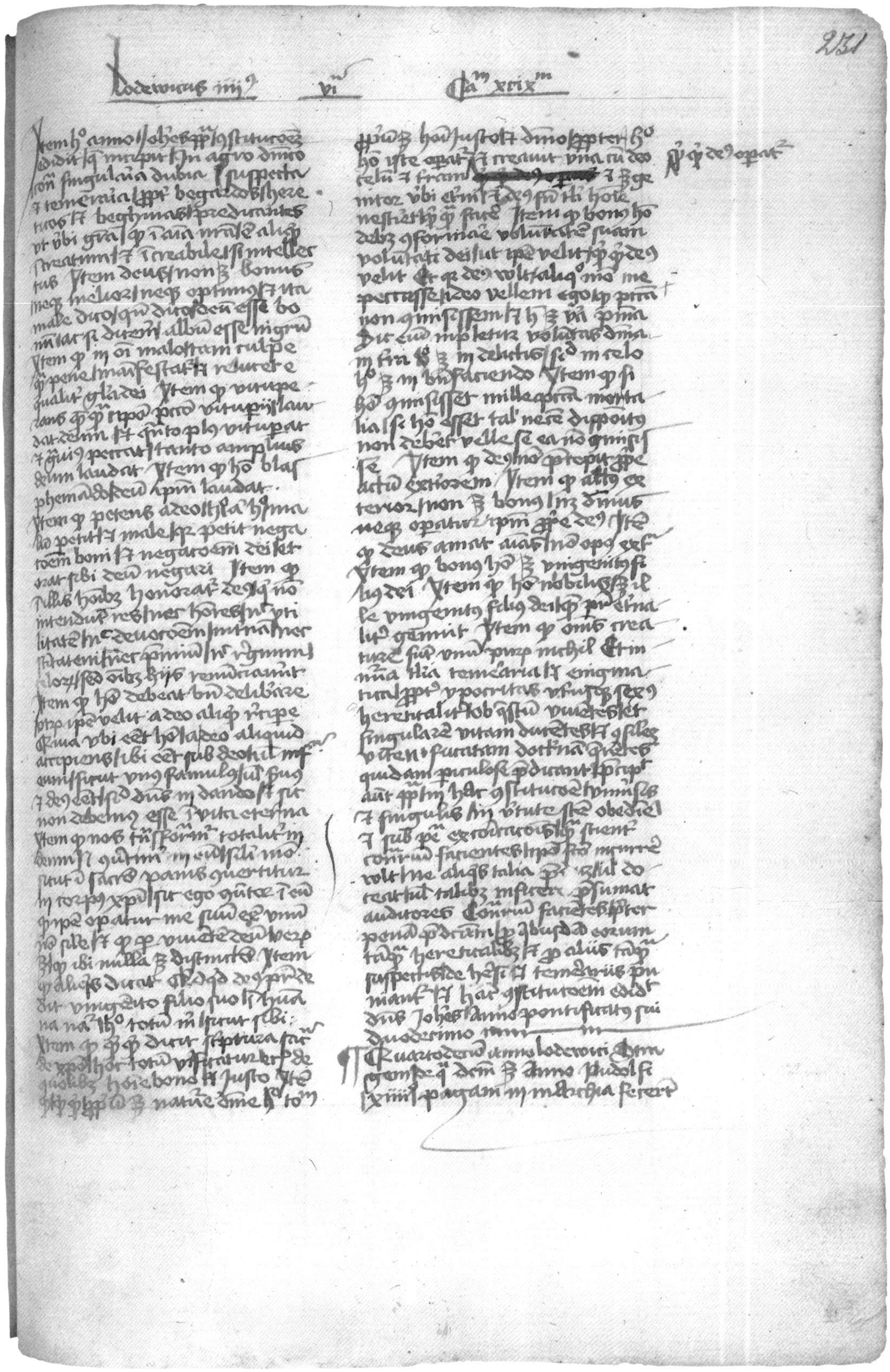

Der Dominikaner Heinrich von Herford nahm in seine Weltchronik die in der Bulle verworfenen Sätze auf, erwähnte jedoch Eckharts Urheberschaft nicht, bezog sie statt dessen auf Beginen und Begarden. Ob dies geschah, um Abstand zu einem verstorbenen Mitbruder zu halten, den zumindest die Aura der Häresie umwehte, oder eine Reverenz vor Eckhart darstellt, ist unklar.

Heinrich von Herford: Weltchronik, 14. Jahrhundert. Papierhandschrift, 1468, Berlin, Preußischer Kulturbesitz, Handschriftenabteilung der Staatsbibliothek, Ms. lat. fol. 224, f. 231r.

Albigenser
nach der südfranzösischen Stadt Albi benannte Gruppe der Katharer ([griech.] die Reinen), die sich seit dem 12. Jh. vom Balkan kommend in Oberitalien, Südfrankreich, Deutschland, Spanien und Sizilien ausbreitete. Sie übten u. a. strengste Askese, in der Überzeugung, dadurch das höchste Heil zu erlangen, verwarfen die kirchlichen Sakramente, Altäre, Kreuze und Bilder, Heiligen- und Reliquienverehrung. Von 1209 bis 1229 rief Papst Innozenz III. zum sog. „Albigenser-Krieg“ auf, der aber trotz großer Grausamkeiten keinen Erfolg brachte. Erst um 1330 wurde die Bewegung durch die Inquisition ausgerottet.

apostolisch [griech.]
die Apostel, die Jünger Jesu betreffend oder von ihnen ausgehend. Das Apostolische Glaubensbekenntnis ist das älteste christliche Glaubensbekenntnis. Der Apostolische Stuhl meint den Sitz und die Regierung des Papstes in Rom.

Appellation [frz.] Berufung
Antrage auf Berufung, der in einem mittelalterlichen Häresieverfahren vor dem Urteil der agierenden Instanz zu stellen war.

Aristotelismus
Die Lehren des antiken Philosophen Aristoteles wurden durch die Übersetzungen aus dem Griechischen und dem Arabischen (Avicenna, Averroes) in der scholastischen Philosophie des 12. u. 13. Jh. tradiert. Der A. bekam in der Folgezeit eine eigene Gestalt durch Thomas v. Aquin und wurde dadurch in die dominikanische Tradition hineingetragen.

Armutsbewegung
Die vielgestaltige religiöse Bewegung entwickelte sich aus der Sehnsucht nach einer tiefen Verchristlichung und als Gegenströmung zum wirtschaftlichen Aufschwung und zum Aufkommen der Geldwirtschaft seit dem 11. Jh. und verstärkt im 12. und 13. Jh. Kleriker aber vor allem Laien und überproportional viele Frauen wurden vom Streben nach einem am → Evangelium ausgerichteten Leben ergriffen.

Artes [lat.] die Künste
Die artes oder die „sieben freien Künste“ umfassten die Fächer Grammatik, Rhetorik und Dialektik sowie die Fächer Arithmetik, Astronomie, Geometrie und Musik. Sie schlossen sich an eine Grundausbildung im Lesen, Schreiben und Rechnen an und bildeten die Grundlage für die weiteren Studien.

Augustiner
Mitglieder des dritten großen Bettelordens, die sich der Regel des hl. Augustinus unterwerfen. Der Augustinerorden entstand in den Jahren 1244 und 1256 aus mehreren italienischen Einsiedlergemeinschaften.

Axiomatik [griech.] die Lehre von den Axiomen
Die in einem bestimmten Bereich vorgegebenen Sätze bzw. Aussagen müssen in einen derartigen Begründungszusammenhang gebracht werden, dass sie aus bestimmten Axiomen (unbeweisbarer, in sich einsichtiger und unbestreitbarer Grundsatz) nach bestimmten Regeln vollständig und widerspruchsfrei abgeleitet werden können.

Baccalaureus [lat.]
Bezeichnung für den niedrigsten akademischen Grad, der von der mittelalterlichen Universität, nach unterschiedlicher Studiendauer an den einzelnen → Fakultäten an Studenten vergeben wurde, die damit zur Unterrichtung jüngerer Studenten berechtigt waren.

Begarden
Im Gefolge der → Armutsbewegung tauchten im frühen 13. Jh. in den Niederlanden und im Rheinland und später an anderen Orten Europas einzelne oder Gruppen von Männern auf, die das weniger zahlreiche und unbedeutendere, männliche Gegenstück zu den Beginen bildeten.

Benefizium/Benefizien [lat.] Wohltat
das mit Landbesitz und Einkünften (sog. Pfründe) dauerhaft verbundene Kirchenamt.

Brevier
ein liturgisches Buch, welches das Stundengebet der katholischen Kirche enthält, deshalb auch Stundenbuch genannt. Sie wären häufig mit Buchmalerei geschmückt.

Bulle [mittellat.] Siegel
Mit einem Siegel aus Blei oder Edelmetallen, der sog. Bulle siegelten die Päpste und Kaiser ihre Urkunden, die deshalb selbst als Bullen bezeichnet wurden.

Collatio [mittellat.] Besprechung, Aussprache, Gebet
zunächst die abendliche Lesung im Kloster vor dem letzten Stundengebet und später allgemein Lehr- und Lerngespräche, besonders die Ansprache des Gesprächsleiters.

Cura monialium [lat.]
Bezeichnung für die geistliche Führung und Betreuung der ordenseigenen Frauenklöster durch den → Ersten Orden.

Diözese [griech.]
Die Diözese oder das Bistum ist eine regionale Verwaltungseinheit der christlichen Kirche, in der ein Bischof das Priester-, Lehr- und Hirtenamt in ordentlicher und höchster Weise ausübt.

Dispens
Dispensation, Entbindung, Befreiung von einer Verpflichtung. Hier die vom Gesetzgeber durch Verwaltungsakt vorgenommene Aufhebung der Verpflichtungskraft eines Gesetzes für einen Einzelfall.

Dormitorium [lat.] Schlafsaal
Bezeichnung für den gemeinsamen Schlafraum eines Klosters. Bei den Dominikanern wurde den Brüdern ein eigener Schlaf- und Wohnraum, die sog. Zelle zum ungestörten Studium zugewiesen. Dormitorium meinte dann den Klosterbereich, in dem die Zellen lagen.

Dreifaltigkeit
die Dreigestalt des christlichen Gottes in Vater, Sohn und heiligem Geist.

Dritter Orden → Orden

Erster Orden → Orden

Exegese [griech.]
Erklärung, Interpretation, Auslegung eines Textes, im engeren Sinne der Bibel.

Exodus [griech.]
Bezeichnung für den Auszug der Juden aus Ägypten und das zweite Buch Mosis.

Evangelium [mittellat.]
Bezeichnung für die Botschaft Christi und die vier Bücher des Neuen Testaments über Leben und Tod Jesu.

Fakultät [mittellat.]
Bezeichnung für die Gesamtheit der Lehrenden und Studenten eines Faches an der Universität.

Festtagslektionar
ein Buch, in dem die Lesungen für die einzelnen kirchlichen Feiertage des Kirchenjahres niedergelegt sind.

Frater [mittellat.] Ordensbruder
Das lateinische „frater“ wurde wie das deutsche Wort „Bruder“ in den Ordensregeln zur Bezeichnung der Mönche benutzt und diente auch zur gegenseitigen Benennung.

Freigut
Hofgut eines Freibauern, das von öffentlichen Abgaben und Diensten befreit war; ähnelte dem Rittergut, besaß aber nicht dessen Herrschaftsrechte.

Geleitrecht
in einem Geleitbrief freies Geleit zusichernde Urkunde der zuständigen Territorial- bzw. Staatsmacht.

Generalkapitel [lat.]
neben den Kapiteln der einzelnen → Provinzen an verschiedenen Orten stattfindende, jährliche Zusammenkunft der → Provinziale, auf denen für den ganzen → Orden bindende Beschlüsse gefällt wurden.

Generalmagister [lat.]
Der Generalmagister oder Ordensmeister ist der vom → Generalkapitel gewählte Obere, der dem ganzen → Orden vorsteht und nur dem Generalkapitel gegenüber rechenschaftspflichtig ist.

Generalprokurator [lat.]
der zu allen Rechtsgeschäften befähigte Stellvertreter des → Generalmagisters.

Generalstudium [lat.]
mittelalterliche Bezeichnung für Universitäten und allgemein für Lehrstätten, die allen, ohne Unterschied der Nationalität offenstanden und

an denen man die Lehrbefugnis, den Grad eines → Magisters für alle Schulen der Christenheit erwarb. Die → Generalstudien des Dominikanerordens standen zumindest den Studenten aller → Provinzen offen.

Generalvikar [lat.]
vom → Generalmagister mit disziplinären Vollmachten ausgestatteter Stellvertreter, der in bestimmten Angelegenheiten, meist bei auftretenden Missständen zu deren Klärung in eine → Provinz oder an einen Ort entsandt wurde.

Genesis [griech.]
Bezeichnung für die Schöpfungsgeschichte und das erste Buch Mosis.

Gradual [lat.] Stufe
im Gottesdienst der Gesang des Chores und/ oder der Gemeinde nach Verlesung der Epistel, auch Antwortpsalm genannt; er besteht aus Psalmteilen oder einem geistlichen Lied.

Häresie [griech.] Wahl, Absonderung
eine von der offiziellen kirchlichen Lehre abweichende Auffassung (Irrlehre).

Interdikt [lat.] Untersagung
in der katholischen Kirche das Verbot, Gottesdienst abzuhalten und die Sakramente zu spenden.

Inquisition [lat.] Untersuchung
Das Gericht der Kirche gegen Ketzer wurde 1215 zunächst in den Bistümern organisiert. 1231 wurde die päpstliche Behörde der „Heiligen Inquisition" eingerichtet und den Dominikanern, als den bestausgebildeten Theologen anvertraut. Bei der Verfolgung und Verurteilung stand anfangs das Bemühen um Bekehrung im Mittelpunkt und nur hartnäckigen Ketzern drohte die physische Vernichtung.

Investitur [lat.] Einkleidung
in der katholischen Kirche die Besitzeinweisung in eine niedere Pfründe → Benefitium. Gleichzeitig ist es auch die Übertragung der weltlichen Besitzrechte und geistlichen Befugnisse an einen Bischof oder Abt.

Kapitel [lat.]
bezeichnet die zumeist täglichen und morgendlichen Versammlungen von Mönchen oder Nonnen eines Klosters im diesem Zweck vorbehaltenen → Kapitelsaal. Synonym wird der Begriff auch für die Gemeinschaft der versammelten Mönche oder Nonnen benutzt.

Kapitelsaal → Kapitel

Konkordat
Übereinkommen, Vertrag zwischen der weltlichen Macht (einem Herrscherhaus) und der römisch-katholischen Kirche über die Beziehungen zueinander.

Konstitutionen [lat.] Verordnungen
Statuten und Satzungen, die das Leben der Ordensgemeinschaft regeln. Anders als die feststehende Ordensregel, auf die sich der ganze Orden bei seiner Gründung und der einzelne Mönch bei seiner Aufnahme in den Orden verpflichtet, sind die Konstitutionen als Auslegungen und Ergänzungen der Ordensregel durch das höchste Gremium des → Ordens veränderbar.

Konvent [mittellat.] Klostergemeinde
zunächst die Bezeichnung für die Gemeinschaft der Brüder eines Dominikanerklosters, meint heute meist das Klostergebäude selbst.

Konzil [mittellat.]
Bezeichnung für eine Versammlung hoher Würdenträger der Kirche.

Kreuzgang
überdeckter Umgang um einen rechteckigen Hof oder Garten neben Dom-, Stifts- oder Klosterkirchen. Von ihm aus sind die wichtigsten Räume eines Klosters zu erreichen.

Küchendorf
Dörfer, die vertraglich zur Versorgung der bischöflichen Beamten in der Stadt verpflichtet waren.

Kurie [lat.] Rathaus, [mittellat.] Herrenhof
die römisch-katholische Zentralbehörde in Rom.

Laienbewegung → Armutsbewegung

Landfrieden
Gesetz oder Vertrag zur Friedenswahrung innerhalb einer Rechtsgemeinschaft. Der L. geht zurück auf die Gottesfriedensbewegung, die Ende des 10. Jh. in Südfrankreich entstand. Er zielte auf die Bekämpfung von Gewaltverbrechen und Fehden durch die Herstellung eines allgemeinen Friedenszustandes für das ganze Reich oder für einzelne Gebiete.

Lektor [lat.] Vorleser, [mittellat.] akademischer Lehrer
Bezeichnung für den liturgischen Dienst des Vorlesers im Kloster. Außerdem wurde der Begriff für den Studentenmeister gebraucht, der dem → Prior unterstand und sich um die Anleitung und Korrektur der Studenten kümmerte sowie für den noch nicht selbständig Vorlesenden an der Universität.

Liturgie [griech.]
Sammelbegriff für alle gottesdienstlichen Handlungen.

Magister [lat.] Meister, [mittellat.] akademischer Grad
Der Magistertitel bildete den Abschlussgrad der verschiedenen → Fakultäten und berechtigte zur selbständigen Lehre und zur Besetzung eines Lehrstuhls, dessen Inhaber als Magister oder Professor bezeichnet wurde.

Mendikant
Mitglied eines Bettelordens.

Ministeriale [mittellat.] Mannen
im Mittelalter eine Oberschicht ursprünglich unfreier Hofdiener. Seit dem 11. Jh. wurden die M. ein neuer Stand, dessen Mitglieder verschiedene von den jeweiligen Dienstherren zugewiesene Aufgaben erfüllten. Sie erhielten für ihre Dienste nicht vererbbare Dienstlehen.

Mystik [griech.]
Grundform religiösen Lebens, die mittels verschiedenartiger Methoden die Trennung zwischen menschlichem Ich und göttlichen Sein aufzuheben sucht und zumeist als höchste Stufe der Frömmigkeit gilt.

Neuplatonismus
das letzte große spekulative System der Antike. Der N. versuchte auf der Grundlage der Hauptlehren Platons und unter Verwendung religiöser und mystischer Gedanken aus dem Orient, die griechisch-römische Philosophie zusammenzufassen. Im Zentrum steht die Lehre von dem „Ur-Einen" aus dem die Mannigfaltigkeit der Welt stufenweise „ausströmt", ohne dass sich dieses dabei vermindert. Augustinus machte den N. zum philosophischen Instrument der christlichen Glaubenslehre und überlieferte ihn wesentlich ins Mittelalter.

Noviziat [mittellat.]
die kirchenrechtlich geforderte Zeit der Vorbereitung und Erprobung im Ordensleben, die alle Neulinge, die sog. Novizen absolvieren müssen und die der → Profess vorausgeht.

Observanzen [mittellat.]
strenge Auslegung der Ordensregel oder der → Konstitutionen.

Ontologie [griech.]
wörtlich die „Lehre vom Seienden". Die O. ist ein anderer Begriff für Metaphysik, solange diese als Prinzipienlehre des Seienden verstanden wird. In der Scholastik war die O. in diesem Sinne Grundwissenschaft von den „Dingen" überhaupt, soweit sie „möglich" widerspruchsfrei sind, nicht zwingend „wirklich".

Opus tripartitum [lat.]
dreiteiliges Werk

Orden [lat.]
eine auf Dauer angelegte Lebensgemeinschaft, zu der sich Christen zur Befolgung der Gelübde des Gehorsams, der Keuschheit und der Armut nach dem → Evangelium verpflichten. Die Ordensmitglieder leben unter einem gemeinsamen Oberen und nach einer gemeinsamer Lebensordnung, die durch die Ordensregel und die → Konstitutionen festgelegt ist.
Den Ersten Orden bilden die Männergemeinschaften, der Zweite Orden besteht aus den Frauengemeinschaften. Der Dritte Orden umfasst die Gemeinschaften von Laien, die in enger Anlehnung an die Prediger- oder Mönchsbzw. Nonnengemeinschaft leben und wirken.

Ordensgeneral, Ordensmeister → Generalmagister

Ordensreform
Reformen, [lat.] Verbesserungen, waren im Mittelalter auf die Wiedergewinnung der ursprünglichen Gestalt v.a. kirchlicher Institutionen bezogen, gewöhnlich ging es dabei um die strengere Befolgung der Regeln oder der → Konstitutionen und gegen deren laxe Befolgung oder gar Missachtung.

Ordinarius
der Bischof einer Diözese oder der mit besonderer Vollmacht ausgestattete höchste Amtsträger eines kirchlichen Bezirkes sowie ihre Generalvikare.

Partikularstudium [lat.]
mittelalterliche Bezeichnung für alle Lehrstätten, die nur den Studenten einer Nation offenstanden, synonym auch für solche Lehrstätten gebraucht, die nicht alle Fächer anboten und v.a. keinen → Magistertitel vergaben. An den Partikularstudien des Dominikanerordens studierten nur die Studenten der → Provinz, an deren → Konventen sie eingerichtet waren.

Patristik
Disziplin, die sich mit der Theologie der Kirchenväter beschäftigt, im weiteren Sinne die Zeit der frühen Kirchengeschichte überhaupt.

Patronat [lat.]
hier eine Schirm- und Schutzherrschaft.

Pfarrei, Pfarrer
Die Pfarrei umfasst ein zu einer Pfarrkirche gehörendes Gebiet und die dort wohnenden Menschen.
Zu den Verpflichtungen der Pfarrer gehörte es, den Gemeindemitgliedern die Sakramente, heilige Handlungen, die Gnade und Heil vermitteln, zu spenden. Diese wiederum hatten sich in kirchlichen Angelegenheiten an ihre Pfarrkirche zu richten, an diese den Zehnt, die mittelalterliche Kirchensteuer zu entrichten und den Pfarrer für seine geistliche Handlungen zu bezahlen.

Predigt [mittellat.]
die an die Heilige Schrift gebundene Form der Verkündigung der biblischen Botschaft.

Prior [lat.] der Erste
der Oberen einer dominikanischen Klostergemeinschaft. Der Prior wird vom → Konvent gewählt, doch muss die Wahl vom → Provinzial bestätigt werden. Falls kein höherer Oberer anwesend ist, hat der Prior den höchsten Rang im Konvent inne und alle disziplinarischen Vollmachten. Die Prioren sind dem → Provinzkapitel, dem sie angehören, rechenschaftspflichtig.

Profess
Ablegung der Ordensgelübde der Armut, Ehelosigkeit und des Gehorsams. Gleichzeitig wird damit auch der Ordensangehörige bezeichnet, der die Profess abgelegt hat.

Provinz [lat.] Verwaltungsgebiet
hier ein regionaler Unterverband des → Ordens.

Provinzial [lat.]
Der vom → Provinzkapitel wähl- aber auch absetzbare Obere eines Regionalverbandes von Dominikanerkonventen hatte innerhalb der → Provinz unbegrenzte Handlungsvollmacht.

Provinzkapitel
die im Jahresrhythmus am 29. September stattfindende Versammlung der → Prioren einer → Provinz. Das Provinzkapitel wählt den → Provinzial, nimmt Anklagen und Beschwerden entgegen und sendet Vertreter der Provinz zu den → Generalkapiteln.

Quaestio [lat.]
in einer mündlichen Diskussion entwickelte und gelöste wissenschaftliche Streitfrage.

Refektorium [mittellat.]
Speisesaal eines Klosters.

Reichsfreiheit
kaiserliches Privileg für Städte, die dadurch Kaiser und Reich unmittelbar unterstanden.

Resignation
hier der Rücktritt von einem öffentlichen Amt.

Sakristei [mittellat.]
ein meist an den Chorraum angebauter Nebenraum der Kirche, zur Vorbereitung auf die Messtätigkeit und zur Aufbewahrung von liturgischem Gerät.

scholastische Methode
Lehrform, deren Grundelemente die Lesung (lectio) eines Textes und seine Kommentierung anhand der kirchlichen Autoritäten (insbesondere der Kirchenväter) und das Streitgespräch zur Klärung strittiger Fragen bei ausnehmender Anwendung eines Schlussverfahrens, das vom Allgemeinen auf das Besondere schließt (Syllogistik) sind. Eine Darstellung nach Art dieser Methode gliedert sich in die Fragen (quaestiones) als Ausgangspunkt, die Ausführung der Meinungen der Autoritäten (sententiae auctorum) → Sentenz, die Aufzählung der Einwände heidnischer Autoren und im gegebenen Fall widersprechender Meinungen der Autoritäten und die Beantwortung der Fragen auf Grund der Meinungen der Autoritäten (Lösung des Problems – solutio).

Schwesternbuch
Sammlung kurzer Lebensbeschreibungen verstorbener Nonnen eines Klosters.

Sentenz [lat.]
allgemeingültiger Sinn- oder Denkspruch. Der Sentenzenlektor oder → Bakkalaureus las an der theologischen Fakultät von einzelnen Autoren stammende Erklärungen zur Heiligen Schrift, die sog. Sentenzenkommentare.

Traktat [lat.] Erörterung
wissenschaftliche Abhandlungen in Prosaform, die seit dem Hochmittelalter auch in der Volkssprache verfasst wurden.

Vidimationsvollmacht [lat.]
auf einem Schriftstück vermerktes Zeichen der Kenntnisnahme und des Einverständnisses, also eine Beglaubigungsvollmacht.

Vikar [mittellat.] Stellvertreter
Bezeichnung für einen ständigen oder zeitweiligen Stellvertreter eines Kirchen- oder Ordensoberen.

Visitation [lat.] Besuch, Heimsuchung
das in den → Konstitutionen vorgesehene, regelmäßige Aufsuchen eines Klosters durch einen Oberen oder dessen Stellvertreter, die Visitatoren. Der Besuch diente der Feststellung von Missständen oder Problemen und der Entgegennahme von Bitten oder Beschwerden.

Viztum
Stellvertreter des Mainzer Erzbischofes, den höchsten erzbischöflichen Beamten in der Stadt Erfurt.

Waldenser
religiöse Gemeinschaft, benannt nach ihrem Gründer Petrus Waldes (gest. vor 1218), einem reichen Kaufmann aus Lyon, der seit 1175 ein Leben in apostolischer Armut führte. Unter dem Einfluss der Katharer lehnten die W. u. a. Fürbitten für Verstorbene, Besitzwesen der Kirche, Eid und Kriegsdienst ab, was 1184 schließlich zu ihrer Verurteilung führte.

Vogt, Vogtei [lat.] Beistand
ursprünglich ein Laie, der anderen Schutz nach außen bot und sie besonders vor Gericht vertrat. In fränkischer Zeit rückten die V. zu Richtern auf, leisteten dem König einen Treueeid und wurden von dessen Boten kontrolliert. Seit Mitte des 9. Jh. entwickelte sich der V. zu einem sein Amt vererbenden Edel- oder Herren-V., besonders wenn er über Hochstifte, Kirchen und Klöster die sog. Schirmvogtei ausübte.

Weihbischof
ein hoher Geistlicher, der zum Bischof geweiht, kein wirkliches Bistum besitzt und als Gehilfe oder Stellvertreter eines Bischofs oder Erzbischofs fungiert.

Weihe
eine religiöse Handlung, durch die eine Person oder Sache in den Dienst Gottes gestellt wird.

Zisterzienser
auch Bernhardiner (Sacer Ordo Cisterciensis), katholischer Mönchsorden, 1098 von Robert v. Molesme im Stammkloster Citeaux gegründet. Die päpstliche Ermächtigung, seelsorgerisch sein zu dürfen (Approbation) erfolgte 1119. Der Orden zeichnete sich anfangs durch Strenge und Einfachheit in der Lebensführung aus. Seine vorbildliche Bodenbewirtschaftung führte bald zu großem Reichtum. Die Z. waren maßgebend an der Christianisierung der slawischen Gebiete östlich der Elbe beteiligt.

Zweiter Orden → Orden